Capitaine des animaux

Céline Gardel

Capitaine des animaux

Philippe Rey

L'éditeur remercie Arnaud Gonzague d'avoir contribué
à la publication de cet ouvrage.

62, rue de Turbigo – 75003 Paris

www.philippe-rey.fr

Pro patria vigilant
Pro animalibus vigilat

Pour la patrie *ils* veillent *(les policiers)*
Pour les animaux *elle* veille *(la capitaine)*

À ma fille Eléa

Prologue

Je garde, au plus profond de mon cœur, une émotion toute particulière, celle du jour où Hancock a compris qu'une main – la mienne en l'occurrence – pouvait aussi caresser. Hancock, c'est mon chien, un staff massif au poil brun parsemé de taches blanches. Les premières années de sa vie ont été atroces, insoutenables, je n'ai pas d'autres mots. Il a vécu l'un de ces cauchemars que l'humain peut faire subir à l'animal quand il déchaîne sa violence absurde contre lui.

J'ai croisé le regard de Hancock au printemps 2021, près de Toulouse, où j'exerce comme capitaine de police. Il venait d'avoir neuf ans, moi quarante-quatre. Je n'avais jamais eu de chien réellement à moi, mais le destin décida qu'il en serait autrement.

Le matin même, une dame avait alerté mon association de défense des animaux, Les 4 Pattounes, pour indiquer que son voisin tirait à la carabine sur les chats du quartier, et très probablement sur le sien. Oui, à la carabine. Cela paraîtra sans doute sidérant à beaucoup de lecteurs, mais ce genre de signalement n'a malheureusement rien d'exceptionnel, comme j'aurai l'occasion de l'exposer dans ces pages.

Je contacte aussitôt les gendarmes pour demander l'assistance d'un équipage afin de garantir la sécurité du dispositif, puisqu'il s'agit ici potentiellement d'un délit et que je n'ai pas ce qu'on appelle les moyens de contrainte et de contrôle, car j'interviens sous couvert associatif.

Les collègues gendarmes et moi nous rendons sur place. Le monsieur nous ouvre et confirme qu'il détient bien des armes de chasse. Il précise, avec un demi-sourire, qu'elles sont dûment déclarées. Les quelques mots suivants suffisent à nous faire comprendre que, vraiment, il n'aime pas les chats, mais il se contente de nous expliquer qu'il s'entraîne, de la fenêtre de sa chambre, à tirer sur des cibles placées dans son jardin. Il nie avoir visé les chats des voisins.

Comme cela arrive fréquemment, faute d'aveux et d'éléments matériels suffisamment caractérisés, nous devons nous résoudre à repartir sans pouvoir agir, malgré notre intime conviction d'avoir regardé l'auteur des faits dans les yeux. Après lui avoir rappelé le cadre réglementaire du tir et l'interdiction formelle de tirer sur les chats, nous décidons de clore le débat et de quitter les lieux, un goût amer en bouche : celui de la défaite.

Les moments qui ont suivi restent indélébiles. Car à l'issue de notre vérification, de retour à la gendarmerie, les mots, les silences aussi des collègues devant les vidéos qu'ils me montrent résonnent encore en moi. Ils s'apprêtaient en effet à déférer au tribunal un autre individu, auteur de violences sur son ex-compagne et sur son chien. La femme avait alerté mes collègues : son compagnon pouvait s'acharner, se défouler, se mettre dans des états de colère incontrôlables. Pour prouver ses dires, elle leur avait confié ces vidéos. On y voit l'homme donner de violents coups de poing, s'acharner à coups de pied et de batte sur le corps d'un vieux staff qui se recroqueville dans son panier, terrassé par la peur et la douleur. On voit sa tête rebondir sous les coups. On entend l'homme hurler sa haine du monde entier, et menacer de le tuer.

Durant plusieurs jours, ces images me hanteront. Je suis policière depuis plus de vingt ans, capitaine de police depuis 2014 et, croyez-moi, je suis habituée à supporter un certain degré de violence. Mais ce qu'a subi Hancock sous l'œil impuissant de sa maîtresse m'a littéralement chavirée, j'ai été révoltée devant tant d'injustice, de violence gratuite et de lâcheté. Comme l'énonce si bien la citation attribuée à Victor Hugo, « l'enfer n'existe pas pour les animaux, ils y sont déjà ».

Ce Hancock, celui qui allait devenir *mon* Hancock, je devais le sauver, et j'ai décidé que je l'adopterais une fois qu'il serait confisqué à son tyran. Je voulais qu'il connaisse un peu de répit dans son existence, qu'après sept longues années de martyre il découvre que la race humaine est aussi capable de prodiguer de l'amour et des caresses. Et que la vie, le plus souvent, mérite qu'on l'aime.

Ce qui fut dit fut fait. Hancock fut retiré à son bourreau et j'ai accueilli dans notre appartement, avec ma fille Eléa, ce loulou brisé par la vie, à l'aube de l'été 2021, le 3 juillet exactement. Depuis qu'il avait été recueilli dans un refuge près d'Albi, nous étions allées lui rendre visite plusieurs fois. Chaque fois, en partant, nous avions déjà hâte de le retrouver. Nous comptions les jours qui nous séparaient de son adoption. À ce moment-là, Hancock semblait coupé de toute émotion, son regard était vide et il ne s'autorisait aucune expression de joie en nous voyant. Son arrivée dans notre cocon a modifié nos habitudes et la disposition de notre salon : bien qu'assorti côté coloris, son panier était aussi grand que les deux canapés qui encadraient la table basse du salon.

Comme pour l'arrivée d'un nouveau-né, nous avions anticipé ses besoins pour qu'il se sente bien : de la nourriture de qualité, de jolies gamelles, un harnais réglable (nous espérions bien le voir grossir un peu), quelques jouets auxquels il a très vite été sensible. Hancock a une âme de chiot, il adore jouer avec une balle. Nous nous sommes instantanément prises d'une affection débordante pour ce colosse squelettique (il pesait dix-sept kilos, ce qui est dérisoire pour un staff de son âge) aux grands yeux tristes.

Mais lui, comme il a mis du temps à nous adopter ! Des semaines entières sont passées sans qu'il ose jamais lever son regard sur nous ou sur nos deux chats, sans qu'il ose quitter son panier, tirer la langue, remuer la queue. Bref, qu'il se comporte comme un chien ! Il restait immobile, toute la journée, blotti dans un coin de l'appartement, l'œil vide, dénué d'expression. C'était très déstabilisant, il était là sans y être, telle une sculpture animale figée dans une tristesse de marbre. Je pensais que le fait d'être accueilli chez nous lui redonnerait quelques étincelles de vie. Mais cela prit un temps que je n'aurais jamais imaginé.

En contact, enfin

Dès que j'approchais ma main, même avec toute la délicatesse du monde, son grand corps esquissait un mouvement de recul, presque de panique. Hancock avait trop connu le mal pour me faire confiance, trop connu l'impitoyable douleur pour croire possible le plaisir d'un geste tendre : il redoutait que ma main ne se mue en un poing cruel et ne le fasse replonger dans son passé de cauchemar.

Petit à petit, au fil de l'été, il a heureusement repris du poids et semblait aller un peu mieux. Son regard commençait à nous suivre, ce qui est un signe encourageant de retour à une bonne santé mentale. Hélas, il était toujours la proie de terribles troubles intestinaux qui lui faisaient produire du sang au lieu de selles. Nous ajoutions du riz à sa pâtée, comme nous l'avait prescrit le vétérinaire, pour qu'il continue de garder quelques aliments dans le corps. Il a atteint les vingt-trois kilos au crépuscule de l'été. Hancock apprenait à nous faire confiance jour après jour, il enchaînait les progrès et découvrait que la bienveillance est possible chez les humains, qu'elle est même aussi ordinaire que le jour qui se lève.

Je me souviens de l'instant magique, surprenant bien que tant attendu. L'été tirait à sa fin, j'ai tendu la main vers lui. À ma grande surprise, Hancock a alors doucement penché la tête et l'a posée dans ma paume, en fermant les yeux. C'est moi qui n'osais plus bouger, de crainte qu'il ne recule. Par ce geste bouleversant, il me faisait comprendre qu'il consentait à être caressé, qu'il avait confiance en moi. C'est comme s'il me disait : « Je sais que tu me veux du bien, toi. » Je ne peux pas décrire ici ce que cet échange, ce simple échange si ordinaire entre un propriétaire et son animal de compagnie, a fait exploser dans mon cœur. C'était un cadeau inouï que Hancock me faisait en acceptant mon affection : il m'avait enfin adoptée !

C'était le début d'une histoire passionnée. Aujourd'hui, Hancock pèse trente-deux kilos, poids tout à fait normal pour un vieux loulou âgé de treize ans et demi qui raffole des câlins. Il danse – oui, il danse littéralement – chaque fois que j'entre dans l'appartement. Il ondule son corps, tout en se rapprochant de moi pour m'accueillir. Il peut même chanter quand ses émotions débordent. C'est un chien très heureux, je dirais même que c'est un chien solaire, qui rayonne quand j'accueille du monde à la maison, au point qu'il va chercher ses jouets pour les montrer à nos hôtes.

Hancock a été adopté par tous les membres de notre « petit zoo ». Je parle ici de nos deux chats, Macaron et Mimi, aussi différents qu'attachants : ils n'ont vraiment rien en commun et, dans le jeu des sept différences, je dirais sans grande difficulté mâle/femelle ; poils longs/poils courts ; blanc/gris ; de tempérament calme/très vive et coquinette ; antisocial/pot de colle ! Leur dénominateur commun : ils cohabitent à merveille avec Hancock.

La plus belle chose que je puisse écrire de lui, c'est qu'il est devenu un chien *normal,* merveilleusement normal. Un loulou tendre qui aime et se sait aimé, une créature pleine de vie qui se sent pleinement en sécurité, épanouie, et qui a appris que l'existence peut n'être rien d'autre que cela au fond, une succession de jours où l'on grappille tout ce qu'on peut de petits plaisirs et d'amour.

En l'adoptant, je m'étais dit que je lui offrirais une jolie fin de vie, quelques mois de bonheur, un an peut-être, avant sa disparition. Mais les années passent et Hancock est toujours parmi nous, rayonnant de plaisir, illuminé par la simple joie d'exister. Un jour il disparaîtra, bien sûr, mais je ne veux pas y penser.

Quant à l'auteur des violences commises à la fois contre sa compagne et contre son chien, j'ai la grande satisfaction de pouvoir écrire ici qu'il a été jugé et condamné, fin mai 2021, par le tribunal correctionnel de Toulouse. Il ne s'est pas présenté à l'audience, mais un huissier avait été mandaté par le tribunal pour effectuer la signification de cette décision. Dans ce dossier, à l'évidence, la réponse pénale se montrait à la hauteur du délit… mais je ne peux m'empêcher de souligner que cette juste issue a clos une succession de regrettables manquements.

Car l'individu condamné possédait déjà un casier judiciaire quand il a adopté Hancock, ce qui n'aurait pas dû être possible : la loi interdit en effet aux personnes dans cette situation d'adopter et de posséder un chien de catégorie 1 ou 2, dit « d'attaque » ou « de défense », comme le définit la loi de 1999 destinée, entre autres choses, à lutter contre les combats illégaux de chiens. Or le staff figure parmi ces chiens « de catégorie ».

Pour ma part, j'ai l'habitude d'expliquer qu'il faut regarder qui se trouve *de l'autre côté* de la laisse si l'on veut estimer la potentielle dangerosité d'un chien, quelle que soit sa race. Hancock est l'illustration parfaite d'un chien de catégorie qui n'a rien d'agressif ni de dangereux : malgré la violence et la multitude des coups encaissés, à aucun moment il ne s'est retourné contre son tortionnaire…

Comment un individu pareil a-t-il pu, et probablement sans grande difficulté, contrevenir à la loi ? Hélas, les accrocs à la légalité sont assez nombreux, les droits des animaux sont souvent bafoués. Non parce que la loi française est laxiste, loin de là. Les textes existent. Mais parce que leur application concrète est fragile. La lutte contre la maltraitance animale n'est pas vraiment sur le podium des priorités… Or la loi n'est rien si elle n'est pas assortie d'un suivi sur le terrain suffisamment attentif et sévère pour s'avérer dissuasif. Imaginez l'état du trafic routier français si les conducteurs savaient qu'il n'existe pas vraiment de contrôle de vitesse ni d'alcoolémie. Le Code de la route, si sévère soit-il, n'y changerait évidemment rien. Eh bien, c'est le risque ici en matière de maltraitance animale.

Je ne dis pas que rien n'est fait ni qu'aucun contrôle existe – l'« affaire » Hancock le prouve. Mais il est incontestable que l'ensemble des acteurs participant à la réponse pénale disposent, faute de formation, de disponibilité accordée pour ces actions et de moyens mis à leur disposition, d'une marge de progression importante à franchir. Cette chaîne inclut les policiers, les policiers municipaux, les gendarmes, mais aussi les vétérinaires et, bien entendu, les magistrats. Trop peu formés, trop mal informés, pour certains peu motivés faute de temps et encore trop peu encouragés à agir, ces professionnels ne donnent pas la pleine mesure de leur énergie et de leurs compétences pour lutter contre les violences faites aux animaux de compagnie.

Les mentalités évoluent

Heureusement, les choses bougent. Oui, c'est vrai, progressivement et grâce à des actions comme celles de l'association que j'ai fondée en 2019, Les 4 Pattounes, qui a su fédérer des professionnels de divers horizons, des institutionnels, des experts mais aussi des responsables politiques, un lien a été établi entre toutes les formes de violence. On sait parfaitement aujourd'hui que les sévices subis par les animaux permettent de détecter des violences intrafamiliales – j'aurai l'occasion de le détailler.

Reste que les mentalités évoluent lentement. Nous venons d'un temps, pas si éloigné, où les animaux étaient considérés comme des créatures sans âme, comme l'animal-machine de René Descartes[1]. Cette idée n'est heureusement plus à l'ordre du jour, mais elle a laissé des traces dans nos usages que nous peinons à effacer, quand nous traitions les animaux comme

1. René Descartes a fait une distinction très nette entre les humains qui possèdent une « âme » et les animaux qui, selon lui, ne sont que des corps, à l'égal des machines.

des espèces d'outils à poil et à plume, dénués d'affects et de sensibilité, utiles d'abord pour répondre à nos besoins. Nous sommes toujours dans un temps qui considère assez majoritairement que « sauver les animaux, c'est bien, mais… »

Petit florilège de ce que j'ai entendu ces dernières années :

– C'est bien, mais déjà qu'on a du mal à s'occuper des humains dans notre pays…

– C'est bien, mais est-ce vraiment le travail de policiers, de gendarmes, de magistrats… ?

– C'est bien, mais un animal ne ressent pas le froid et la douleur comme nous, alors pourquoi tu t'embêtes avec ça ?

– C'est bien, mais vous êtes précurseurs. C'est trop tôt pour créer des brigades dédiées…

C'est en réaction à cette cascade de « mais » que l'ouvrage que vous tenez entre les mains a été rédigé.

1

L'urgence permanente

Heureusement, je n'ai jamais pris la mauvaise habitude de me ronger les ongles. Parce que, plus souvent qu'à mon tour depuis que j'ai fondé Les 4 Pattounes, il m'arrive de traverser des journées chargées en émotions et en stress, bousculées par des signalements éprouvants qui s'intercalent dans mon quotidien professionnel déjà dense. Mais comment faire abstraction et remettre à plus tard, quand les minutes sont comptées ? Mon esprit se focalise sur ces photos reçues, témoignages de la souffrance et du besoin urgent d'intervenir pour sauver ces animaux.

Impossible de me laisser dépasser par les émotions, il faut agir vite et bien, c'est-à-dire mobiliser l'ensemble des intervenants impliqués, leur préciser encore souvent la marche à suivre, afin d'arriver à temps. Car le risque est bien là : celui d'arriver après le dernier souffle, trop tard. Ces animaux sont terriblement affaiblis et fragilisés, victimes de violences ou affamés, parfois les deux.

Bien sûr, on me dit souvent que c'est une tâche noble et exaltante de sauver ces vies, parce qu'elle donne le sentiment d'influer sur le réel, d'avoir entre les mains le pouvoir de changer les choses. Et c'est vrai. Mais à quel prix en termes d'énergie : j'ai dû gagner l'équivalent de trois vies et demie de sagesse, de patience et de résilience en faisant face à tant d'injustices, de frustrations et parfois même d'impuissance !

Il existe un réel fossé qui se creuse chaque jour davantage, du fait de services encombrés par des milliers de procédures en cours, où l'urgence se noie.

Pourtant, sur le papier, le mécanisme est suffisamment huilé pour que tout fonctionne. Nos institutions sont anciennes, et le temps comme l'usage ont peaufiné l'organisation pour éviter, dans la mesure du possible, des erreurs, donc de commettre des injustices. Mais voilà, l'ensemble de la chaîne décisionnelle néglige malgré elle un facteur essentiel, *le facteur temps*.

Quand un chat, un chien ou un lapin se trouvent dans une situation de grande détresse, la peau sur les os, les côtes apparentes, affamés, assoiffés et laissés parfois en plein soleil, coincés seuls depuis plusieurs jours déjà dans un appartement, dans une cave ou sur un balcon, nous ne devrions pas avoir le loisir de tergiverser pour savoir s'il faut ou non intervenir et les sauver. Leurs heures sont comptées, il est urgent de les mettre en sécurité pour sauver leur vie, mais aussi pour éviter que l'auteur des infractions ne puisse les faire disparaître. Si demain, au coin de la rue, vous tombez sur une personne inconsciente, gisant dans une flaque de sang, vous n'allez certainement pas organiser un débat avec tout le quartier sur l'opportunité d'agir. Peu importe qu'il s'agisse d'un accident, d'un suicide ou d'un meurtre, l'enquête le dira en temps utile : il y a une urgence évidente donc vous attraperez votre portable, contacterez les secours et leur demanderez d'arriver le plus vite possible, parce que vous avez intégré que le facteur temps est essentiel dans la prise en charge. C'est du bon sens.

Voilà traditionnellement comment, en simplifiant les choses, le traitement d'une affaire de maltraitance se déroule – ou devrait « normalement » se dérouler – depuis le moment où elle est signalée jusqu'au moment où l'animal est en sécurité, en passant par celui où le signalement est pris en charge.

En premier lieu, il y a le signalement effectué par un témoin, le plus souvent un voisin ou un passant. Celui-ci a aperçu un chien amaigri, seul, grelottant ou laissé en plein soleil, vivant au milieu de ses déjections, ou bien il a entendu des cris de douleur, etc. La plupart du temps, ce témoin ne songe pas spontanément à contacter la police ni la gendarmerie, car il n'a pas conscience que ces faits constituent un délit puni d'emprisonnement. Il estime à tort que les violences perpétrées sur les animaux sont à dénoncer à une association de protection animale.

En réalité, si les associations de protection animale sont naturellement incontournables et indispensables pour soigner et organiser la garde de l'animal une fois la procédure enclenchée, sur le terrain un travail de constatations et d'enquête doit être réalisé par les policiers ou les gendarmes, selon la compétence territoriale, urbaine ou rurale.

Ces premières mesures sont assurées par l'équipage engagé à la suite de l'appel au 17. L'officier de police judiciaire (OPJ) en charge du dossier procède à une enquête de voisinage et aux constatations d'usage, afin de compiler un maximum de preuves. Celles-ci seront rapportées au procureur, qui pourra alors décider d'une confiscation judiciaire des animaux, afin de les mettre provisoirement en sécurité, et, de fait, stopper l'infraction. C'est bien de cette ordonnance de placement provisoire, appelée « 99-1 du CPP » (en référence à l'article 99-1 du Code de procédure pénale), délivrée par le parquet, que vont découler les réquisitions pour assurer le « transport », mais aussi la « garde » de l'animal, voire les « expertises vétérinaires » qui permettront d'étayer le dossier à charge.

Je ne cesse de le répéter depuis que j'ai créé Les 4 Pattounes : si louables soient leurs intentions, les associations n'ont ni le pouvoir d'intervenir ni la légitimité pour le faire, et encore moins pour pénétrer dans le domicile de l'auteur et confisquer l'animal. Imaginez-vous être témoin des violences que subit un enfant : personne n'aurait l'idée d'aller lui donner à manger en cachette ou, pire, de le kidnapper pour le faire réadopter. Vous mettriez en œuvre une procédure qui ferait travailler tout un maillage de professionnels, chacun agissant dans son champ de compétence pour venir en aide à l'enfant jusqu'à sa majorité. C'est précisément ce que s'appliquent à rappeler Les 4 Pattounes et sa *team* composée de magistrats, de policiers et gendarmes, d'avocats spécialisés et de vétérinaires.

Nous savons que le manque de formation constitue un réel frein à la prise en compte de ces signalements. Il s'agit donc de donner les outils, l'information et les moyens à chaque maillon impliqué. Ainsi, les particuliers, les associations, les policiers nationaux ou municipaux, les gendarmes, les services vétérinaires et les magistrats agissent en pleine complémentarité dans leurs champs de compétence respectifs, avec pour seuls objectifs de rétablir le bien-être de l'animal et de ne pas fragiliser l'enquête.

Bien que la loi protège les animaux et prévoie des sanctions, ces dernières n'ont rien de comparable avec celles appliquées lorsque les mêmes actes sont commis sur un être humain. En effet, le droit français continue de soumettre l'animal au régime des biens. Ce n'est qu'en 2015 qu'il a enfin été reconnu comme étant « doué de sensibilité ». Il paraît impensable que deux millénaires aient été nécessaires à l'humanité pour prendre conscience qu'un chat, un chien ou encore un cheval ressentait le froid, la peur, la douleur ou la chaleur. Mais c'est ainsi. Le fait qu'un animal soit assimilé à un meuble a un impact dès son plus jeune âge, dès sa huitième semaine exactement : selon la loi, c'est en effet l'âge auquel il pourra être cédé ou vendu.

Voilà pourquoi l'acte d'ôter la vie à un animal pourra, au mieux, priver de liberté son auteur de six mois à cinq ans, selon la souffrance endurée auparavant par la victime… Encore faut-il réussir à identifier ledit auteur, et à prouver le lien de causalité entre l'acte et le résultat, c'est-à-dire la mort. La sanction paraît tellement dérisoire comparée à la peine d'emprisonnement pour un meurtre sur un autre humain, qui frôle les trente ans incompressibles !

Un parcours du combattant

Je le disais, la loi permet de confisquer un animal pour assurer sa protection. C'est très bien, mais la mise en œuvre de cette prérogative n'est simple qu'en théorie. Cela relève en réalité du parcours du combattant, souvent épuisant : il s'agit de traduire des faits en infractions et d'œuvrer à faire éclore la vérité quand le cadre juridique n'offre que très peu de moyens de contrainte. Il ne suffit pas de constater les traces de coups qui ont été donnés. L'idéal est de constater *le geste lui-même*, pour confondre l'auteur en flagrant délit et permettre son interpellation.

Mais si les faits de violence datent de quelques jours ou de plusieurs semaines ? Une fois les vingt-quatre heures écoulées, la loi française indique que le flagrant délit laisse place à l'enquête préliminaire, qui protège davantage les libertés individuelles. Dès lors, en raison de l'intrusion dans l'intimité, les agents de police ou de gendarmerie doivent recueillir l'assentiment de la personne pour effectuer des vérifications au domicile, par exemple, et en rendre compte au magistrat.

Voici une liste (non exhaustive) des nombreuses conditions à réunir pour soustraire une victime à plume, à poil ou à écaille des griffes de son tortionnaire : d'abord, il faut qu'un équipage de police formé et motivé soit disponible ; qu'il reçoive un signalement suffisamment précis pour localiser les faits et se rendre sur place ; qu'il frappe à la bonne adresse et que, par miracle, la personne soit présente ce jour-là au domicile ; qu'elle décide d'ouvrir la porte et accepte de signer l'assentiment en matière de perquisition, après avoir entendu les faits qui lui sont reprochés, en l'occurrence des sévices sur des animaux datant de deux jours, afin que les policiers puissent vérifier l'ampleur des atteintes à sa santé, physique et mentale… Autant vous dire que seuls les innocents montrent patte blanche !

Mais revenons au flagrant délit. Les policiers ou gendarmes qui constatent des faits suffisamment graves, mettant en péril la vie de l'animal, en informent le parquet. Ainsi, le magistrat référent en la matière – ou un autre – les autorisera, ou pas, selon les circonstances et selon l'activité judiciaire en cours, à tout mettre en œuvre pour placer l'animal hors de danger.

C'est cela que l'on appelle dans notre jargon « accorder un 99-1 », qui signifie que les forces de l'ordre ont, ça y est !, le droit de retirer l'animal à son propriétaire pour le placer en sécurité dans un refuge ou une famille d'accueil, souvent après un séjour au sein d'une clinique vétérinaire, le temps de l'enquête.

Il peut arriver que l'on attende ce fameux 99-1 durant des jours, qui semblent alors interminables. Dans ces moments-là, la peur du pire m'obsède sans répit : pourvu qu'il vive toujours, qu'il ait suffisamment de forces pour tenir encore un peu…

Je me souviens par exemple d'un signalement près de Toulouse, qui décrivait les hurlements d'un chiot battu à grands coups de ceinturon, les faits décrits étant sans équivoque, très graves, et mettant la vie du petit loulou en danger imminent. Les policiers se sont rendus sur place mais, comme cela arrive souvent, le coupable présumé a refusé de leur ouvrir. C'était un vendredi, le 8 mars exactement. On entendait le chiot hurler de douleur, mais la magistrate n'a pas accordé le 99-1 ni l'ouverture. Elle leur a demandé de lui envoyer un mail, un simple mail resté sans réponse. Le 20 mars, soit douze jours plus tard, la situation restait inchangée. Je lui ai fait parvenir la plainte déposée par Les 4 Pattounes pour lui confirmer l'urgence à intervenir.

En marge de cette procédure, le service Animal dans la Ville rattaché à la mairie de Toulouse s'est rendu sur place. À leur arrivée, l'homme rentrait chez lui à vélo accompagné d'un chien qui semblait aller bien, lui… On ne saura jamais si c'était le même chien, ou un autre souffre-douleur adopté dans l'intervalle.

L'ex-compagne du monsieur, contactée par les policiers, a confirmé que l'auteur présumé des faits, qui était atteint de troubles bipolaires, était coutumier d'accès de violence très graves et répétés. Elle leur a décrit des coups de clé à molette et de marteau donnés à ce petit chiot. Un beagle squelettique lui avait déjà été retiré l'année précédente : nuit et jour il était attaché court, sur des palettes de bois bancales, à une barrière. Elle a ajouté qu'un chaton de la maisonnée était quelquefois jeté à plusieurs dizaines de mètres… C'est sûrement la chose la plus compliquée pour moi : admettre que je ne pourrai pas tous les sauver. Je me le répète parfois à voix haute, comme si je cherchais à m'en convaincre : « Céline, tu ne pourras pas tous les sauver. C'est ainsi. »

Mais quand les précieuses autorisations nous parviennent – surtout quand elles se font désirer longtemps –, il se passe quelque chose dans mon cœur qui frôle l'indescriptible. C'est un sentiment très fort, où se mêlent à la fois la joie d'avoir sauvé, le soulagement d'y être parvenue, l'amertume aussi parfois d'avoir gâché tant d'énergie et dû laisser si longtemps encore l'animal en proie à la douleur.

Lorsqu'un animal est saisi, il est désormais préservé des exactions de son maître (ce qui ne veut pas dire qu'il soit rétabli ni qu'il se trouve dans une situation confortable, j'y reviendrai), et le sort de l'auteur des violences se joue entre les mains de la justice. C'est un réel soulagement pour moi de savoir que le pauvre animal aura à manger et à boire, qu'il sera au chaud, ou au frais, et ne recevra plus de coups.

Je vais bien, très bien même

J'ai la fierté d'écrire que, depuis 2019, l'action conjuguée de tous les membres des 4 Pattounes a soustrait plus de 2 500 animaux aux griffes de leurs tortionnaires. Ce sont, chaque fois, des victoires inestimables, mais, en même temps, leur saveur est éphémère. Car déjà d'autres signalements arrivent, toujours plus sordides, plus éprouvants, et qui chaque fois nous sidèrent…

Je n'ai ni la naïveté ni la folie de croire que je pourrai tous les sauver. Il existe tellement de gens dysfonctionnels, violents, insaisissables, qui se défoulent sur les plus fragiles à l'abri des regards, ou protégés par le silence complice des foyers, je sais bien que j'écope un océan à la petite cuillère. Mais cette petite cuillère ne ramène pas une eau virtuelle : notre combat représente, très concrètement, des centaines et des centaines de vies animales épargnées, apaisées, sauvées. C'est trop peu, pourtant c'est beaucoup.

Souvent, les gens me confient : « C'est bien ce que tu fais. Moi, je ne pourrais pas, je suis trop sensible. Comment est-ce que tu tiens ? » J'avoue ne pas avoir médité sur le sujet. Cette tâche s'impose à moi, comme une évidence d'agir, prise que je suis dans un tourbillon de signalements sans fin. C'est vrai que, quand je me livre à la description un peu précise de mon quotidien, cela peut déstabiliser même les plus costauds. Il s'agit d'une succession de situations ignobles : des chiens tremblants de peur, n'ayant que la peau sur les os, des chats dont les corps ne sont parfois qu'une plaie à vif, des animaux séquestrés dans des cages bien trop petites au milieu de leurs excréments, ligotés, brûlés, parfois violés ou rendus fous par les coups…

Mais je vais bien, très bien même. Tout cela a beaucoup de sens pour moi. Ce qui me fait tenir ? C'est leur regard après la pluie. Cette résilience sans faille, cette force et cette envie de vivre plus que tout. Ce qui me fait tenir aussi, c'est d'avoir changé leurs existences à jamais, de savoir qu'ils pourront enfin vivre, et non plus survivre.

Par ailleurs, j'ai réellement le sentiment d'avoir croisé et fédéré sur mon chemin de belles personnes qui m'ont fait confiance et ont rejoint la dynamique des 4 Pattounes. Elles aussi comptent sur moi : mes collègues impliqués, nos bénévoles si généreux, ces amoureux des animaux qui soutiennent nos actions.

J'ai également conscience de la chance que j'ai d'être si bien entourée dans ma sphère privée. Là réside sûrement le secret du bonheur et de l'équilibre. Un regard, un mot encourageant et bienveillant, un fou rire sont autant de bouffées d'oxygène dans ce quotidien objectivement éprouvant. Comme le dit si bien l'adage, un ami est quelqu'un qui sait tout de vous et vous aime quand même. C'est ce sentiment de confiance réciproque, celui qui permet de partager ses joies et ses réussites, mais aussi ses galères et ses chagrins, c'est le sentiment de traverser la vie accompagnée. J'ai la plus belle richesse, celle d'avoir de vraies amies qui m'écoutent, me comprennent, me soutiennent.

Il y a aussi William, mon compagnon, qui est à mes côtés jour et nuit et lit dans mes yeux comme dans un livre ouvert. Sa présence m'enveloppe d'une douceur rassurante, me conforte dans mes convictions et mes actions. Se sentir aimée, épaulée et soutenue, partager des convictions mais aussi des valeurs, les mêmes qui émanent de notre quotidien de policiers : c'est évident, William, immergé dans cet univers où la réalité dépasse parfois la fiction, comprend mieux que quiconque. Alors oui, c'est vrai, il y a des soirs plus difficiles que d'autres. Mais nous avons ce sentiment de faire un travail extraordinaire : protéger les plus faibles.

2

Une vocation, protéger

Aujourd'hui, lorsque j'échange quelques mots avec le public à l'issue de mes conférences, je suis encore surprise qu'on s'imagine que j'ai consacré toute ma vie aux animaux, à protéger chats, chiens, tigres et loups, que cette question m'a toujours habitée et passionnée. Mais ce n'est pas le cas ! La prise de conscience prend parfois des années. Surtout quand on a eu la chance d'être épargné par les scènes de violence, ce qui fut mon cas durant l'enfance, où j'ai grandi entourée d'animaux qui profitaient du grand air et de bonnes gamelles.

On ne naît pas forcément doté d'une âme protectrice des animaux, mais je suis là pour témoigner qu'elle peut s'acquérir. J'ai passé ainsi ma petite enfance à Colomiers, près de Toulouse, puis nous avons déménagé à Vermeils, modeste hameau au cœur de la Montagne noire près de Mazamet, dans le Tarn. Mes parents possédaient un petit ratier appelé Coquet, dont le souvenir reste flou pour moi. Vers sept ou huit ans, j'ai eu mon animal à moi, une chatte noire et blanche nommée Tulipe. Elle était adorable et câline, tandis que mon frère avait, lui, un chien, un épagneul breton qui s'appelait Soleil. Passé la nostalgie du souvenir, je souris à l'idée d'avoir pu réellement l'appeler par ce nom ; mais à quel moment ai-je pu me laisser inspirer par une tulipe ? Si jolie soit-elle, cette fleur n'avait rien en commun avec ma minette au petit museau noir, si ce n'est sûrement ce cœur tendre et délicat qu'elles ont toutes les deux et qui touche ma sensibilité.

Nous habitions donc dans ce joli hameau dont les couleurs étaient assorties aux saisons, en pleine campagne, une grande maison, près d'une propriété familiale qui comprenait, entre autres, la ferme de mon oncle. Je me souviens encore avec un peu d'émotion des moutons et des vaches qui rejoignaient les prés pour pâturer, des lapins dans les clapiers, des poules et des canes qui faisaient de bons œufs… et même des cochons dans leur enclos.

Des années plus tard, à l'aube de ma majorité, étudiante à Toulouse, j'ai eu Natitingou, un chat magnifique aux longs poils gris, joueur à ses heures, dormeur et câlin le reste du temps. Très affectueux.

Petite, j'ai beaucoup aimé un passage du *Petit Prince*, celui où le héros rencontre le renard et où il comprend qu'apprivoiser un animal crée un lien unique, fort, indélébile, magique pour toujours. Il faut être deux, effectivement, pour s'apprivoiser. « Si tu m'apprivoises, nous aurons besoin l'un de l'autre », dit le renard. Et j'avais compris qu'il énonçait là une profonde vérité dans la relation humain-animal : cette notion de « besoin » donne une dimension spéciale à la relation, celle de se sentir responsable de l'autre, de son bonheur. Apprivoiser revient à voir en l'autre un être unique parmi les siens.

Par analogie avec la rose du Petit Prince, un animal familier n'est pas seulement un renard ou un chien comme tous les autres renards et chiens de la meute. C'est un être unique, qu'en aimant on prend le risque de perdre et donc de souffrir. « Un seul être vous manque et tout est dépeuplé », comme disait si bien Lamartine. Mais, à cela, je me refuse de penser.

Étais-je sensible à ce qu'on appelle la « cause » animale? Eh bien, pas particulièrement. En tout cas pas comme certains enfants qui, très jeunes déjà, ressentent une disposition particulière à vivre parmi les animaux, et rêvent souvent de devenir vétérinaires pour les soigner. J'avais pour ma part une sensibilité aiguë à l'idée de « ne pas leur faire du mal », à ce qu'ils n'éprouvent pas de douleur. Mais celle-ci ne se cantonnait pas aux animaux: j'avais envie de préserver, de protéger « les plus faibles » en général.

Et puis à la campagne, il existe une relation singulière avec les animaux. Je veux dire que le « bon sens paysan » ne leur épargne pas une mort certaine, mais cela n'a rien de commun avec une violence gratuite. Les animaux y ont chacun leur place et même traditionnellement leurs fonctions, rarement remises en question. Ils sont condamnés souvent à servir l'homme, voire à lui assurer une ressource alimentaire: les chiens ramènent le troupeau au pré, chassent le gibier ou gardent la maison et l'étable, parfois même les trois. Les chats chassent les souris. Les vaches donnent du lait ou des petits veaux qui seront vendus. Les cochons finiront en saucisson, les canards en foie gras…

Pourtant, loin des dessins animés proposés aux enfants, une certaine forme de violence est tapie derrière le paravent ordinaire des pratiques quotidiennes, que plus personne n'interroge. Par exemple, quand une chatte donnait vie à des petits chatons trop nombreux, nous savions que nous devrions en sacrifier quelques-uns. C'était une règle immuable, aussi naturelle que le cycle des saisons, l'une de ces douloureuses nécessités qu'impose quelquefois la vie. Un jour, ma mère, qui élevait des poules et des pintades, a constaté que l'une d'elles était blessée. Il fallait la tuer, s'était-elle résignée (car elle aimait beaucoup les animaux). Je me souviens que son état m'avait bouleversée. Je revois encore cette pintade souffrir, j'avais espéré qu'elle connaisse une autre issue que la mort. Mais *c'était comme ça*.

Dans le même ordre d'idées, une fois par an, j'entendais les hurlements stridents poussés par le cochon que l'on égorgeait à quelques mètres avant de le débiter. Cela me frappait d'une sorte de tristesse inavouable, qui dénotait avec l'ambiance familiale des retrouvailles joviales, où chacun mettait la main à la pâte. Refusant de passer pour une petite extraterrestre, j'avais fini par me persuader que je devais être trop sensible. Je n'aurais pas davantage songé à critiquer la chasse. Au fond de moi, je trouvais pourtant infiniment injuste que des humains armés de fusils s'en prennent à des êtres incapables de se défendre. Mais mon raisonnement s'arrêtait là.

L'adjectif « injuste » est l'un de ceux qui m'ont portée durant toute mon existence. Si je lutte pour défendre les animaux, c'est parce que je ne supporte pas l'injustice dont ils sont victimes. Depuis la nuit des temps et quelles que soient la culture ou les coutumes, l'énigme demeure: pourquoi tant de violences à leur encontre, pourquoi leur imposer tant de souffrances? Évidemment, cet instinct m'habitait déjà durant ma jeunesse. J'éprouvais le désir profond d'aider et de protéger les plus vulnérables. J'ai toujours possédé cette capacité à ressentir intensément la douleur des autres, comme une empathie démultipliée qui m'a autant servie qu'angoissée. Trop sensible pour accepter ces diktats, mais suffisamment forte pour ne pas m'y résigner. C'était comme une évidence, inscrite dans chacune de mes cellules.

Cette conviction allait guider mes pas vers la réalisation de mes rêves : défendre et protéger les innocents, rétablir une forme de justice pour créer un monde plus bienveillant et respectueux. Des ambitions de « grande » dans un esprit d'adolescente, me direz-vous ? Sans aucun doute. Pourtant, ce même idéal continue de m'animer aujourd'hui.

Comme tout un chacun, la vie m'a confrontée à diverses expériences, m'invitant à puiser dans mes ressources et à réviser la gamme des émotions. Ces épreuves m'ont convaincue que l'on mûrit bien plus en les traversant qu'en évoluant dans un cocon. Elles m'ont aussi appris que l'agressivité, la violence et l'autoritarisme ne sont, en réalité, que les armes des faibles. Il est impératif de mettre fin à ces moyens de communication dysfonctionnels pour rétablir la paix et l'harmonie. Je n'ai jamais dévié de cette vocation qui m'anime : venir en aide aux autres. Je voulais ainsi devenir juge des enfants. Il me semblait que, revêtue de la robe et de l'épitoge, j'aurais tenu entre mes mains une baguette magique pour rendre aux enfants leur sourire et leur innocence, que moi aussi j'avais perdus par moments.

David

En classe de première, j'ai eu la chance de faire un stage d'observation au tribunal d'Albi, et plus précisément auprès de la juge des enfants qui travaille au carrefour de tant de misère et de détresse. Dans le même sillon, quatre ans plus tard j'ai eu l'opportunité d'être immergée au sein d'un établissement de la Protection judiciaire de la jeunesse, toujours en lien avec la juge des enfants. Outre le fait que cette expérience a confirmé ma vocation, elle m'a également confrontée de manière directe aux dures réalités de notre société.

Les hommes naissent libres et égaux, oui, mais c'est bien la dernière fois qu'ils le sont, comme l'affirmait Abraham Lincoln ! J'ai ainsi vu des enfants, des adolescents qui avaient déjà subi dans leur chair la cruauté humaine.

Ce fut aussi l'occasion de savoir ce qu'était devenu David, ce petit garçon que l'Aide sociale à l'enfance (ASE) avait confié à ma famille et que nous avions immédiatement adopté. Il avait deux ans, j'en avais quatre de plus. David était issu d'une famille dysfonctionnelle et violente. Sa vie venait à peine de commencer que ce petit garçon avait connu un martyre physique et psychologique dont la description même défie l'entendement : sa mère lui écrasait des cigarettes sur les bras, l'asseyait sur la plaque chauffante allumée en guise de punition, mettait des punaises dans ses chaussures…

Il avait trouvé refuge à l'ASE mais, hélas, la justice française tenait à ce qu'il conserve des liens avec sa famille biologique, comme elle le fait souvent pour préserver autant que possible des racines jugées nécessaires à l'ancrage. Sa mère le réclamait soudainement, avant de le rendre de nouveau au foyer. Nous n'ignorions pas, bien sûr, que cette femme imprévisible pouvait se montrer maltraitante avec lui, que rien ne garantissait sa sécurité. Il fallait accepter cette éventualité.

David n'avait jamais quitté mon cœur, même si, un jour, il n'était plus revenu à la maison. Il n'y avait pas un Noël qui arrivait sans que j'aie une pensée pour ce petit bonhomme qui nous avait quittés soudainement, sans avoir eu le temps d'ouvrir son cadeau au pied du sapin.

La misère, l'absence d'amour et la violence sont un terreau fertile pour la délinquance, les addictions et les fragilités de toutes sortes. Il n'est pas nécessaire d'être expert en sociologie pour considérer qu'un enfant victime de brimades en deviendra très probablement l'auteur une fois devenu adulte.

Je voulais savoir ce qu'il en était pour David. J'aurais préféré me tromper : je refusais de concevoir que le petit garçon ait pu, à son tour, passer à l'acte. Hélas, j'appris qu'il était déjà déscolarisé et connu des services de police pour maints délits, dont un braquage qui avait mal tourné… À qui la faute ? Je ne pouvais même pas lui en vouloir, moi qui aurais tant aimé être sa grande sœur, et qui avais été si impuissante quand on nous l'avait repris.

Dans le bureau du juge des enfants, assise sur le côté pour éviter de fausser l'entretien, je me souviens aussi d'avoir vu passer cette jeune fille mineure qui, à dix-sept ans à peine, était enceinte d'un homme beaucoup plus âgé qu'elle. Il l'accompagnait en titubant, transpirant l'alcool à cent mètres. Elle attendait des jumeaux et, avec une certaine fatalité, j'ai envisagé que la vie de ces deux malheureux était, pour ainsi dire, tracée avant même d'avoir démarré, comme celle de David. J'espère très sincèrement m'être trompée.

Quoi qu'il en soit, ces stages m'ont apporté une certitude : je voulais embrasser la carrière de juge des enfants. Celle de policière ne m'avait pas encore effleurée. Pourtant – et je me dis, rétrospectivement, que ceci explique peut-être cela… –, mon père était lui-même policier.

Après le bac, j'ai intégré la faculté de droit de l'université de Toulouse. J'y ai passé cinq années et, si je me passionnais sincèrement pour le droit pénal (celui qui traite des infractions comme les vols, les crimes, les viols…), je reconnais volontiers que le droit administratif et le droit commercial m'arrachaient plus souvent des bâillements que des cris d'enthousiasme ! Je suis cartésienne de nature, j'avais choisi des études de droit parce que je savais qu'elles m'offriraient la possibilité de passer de nombreux concours. Je ne me voyais pas du tout devenir avocate – la nécessité de défendre tout le monde, y compris des criminels, est en soi très noble, mais elle ne correspond aucunement à mon tempérament. Le graal de la magistrature m'attirait toujours, mais la peur de l'échec m'invitait à ouvrir le champ des possibles.

C'est un oncle éloigné, habitant près de Toulouse, qui me suggéra de réfléchir : « Pourquoi ne passerais-tu pas le concours d'officier de police nationale ? Tu peux y faire de belles choses. » Retraité de la fonction publique, il avait gravi les échelons et terminé sa carrière comme commissaire divisionnaire. Il me présenta un de ses collègues, qui se fit l'inlassable avocat de son métier. Malgré ses efforts, je le reconnais, je n'étais guère séduite par cette idée. Je me suis tout de même inscrite à deux concours, celui de gardien de la paix (le premier échelon dans la police) et celui d'officier, mais sans grande conviction. Je me disais simplement que si je n'y allais pas, il le saurait et serait déçu. À ma grande surprise, j'ai décroché les deux concours. J'ai donc intégré l'École nationale supérieure des officiers de police de Cannes-Écluse, dans les Yvelines, en janvier 2003. C'était il y a plus de vingt ans, et je peux l'écrire ici : je n'ai jamais, ne serait-ce qu'une fois, regretté d'avoir suivi le conseil de mon oncle !

Je n'aurais jamais pu imaginer qu'en devenant policière j'occuperais une position privilégiée au sein des institutions françaises, me permettant à la fois de comprendre et d'agir concrètement contre les maltraitances animales. Et que cette place me donnerait l'opportunité de sensibiliser non seulement le grand public, mais aussi les gendarmes, les magistrats, les vétérinaires, les responsables politiques… J'étais vraiment à mille lieues de me douter de l'importance que la cause animale prendrait un jour dans ma vie !

J'ai passé dix-huit mois à l'École de Cannes-Écluse, dont six en stage de commandement à Toulouse. Ces stages nous plongent dans de nombreux services, ce qui nous permet d'en découvrir la matière et les rouages (police secours, police judiciaire, groupe d'appui judiciaire ciblé stupéfiants, compagnie départementale d'intervention, police aux frontières…). Et je peux bien le dire : moi qui n'avais pas de vocation particulière pour la police, moi qui ne m'étais jamais dit « Je suis faite pour ça », eh bien, j'ai trouvé assez vite ma place dans cette institution peuplée pourtant d'un grand nombre de personnalités assez fortes – dont beaucoup d'hommes.

Bousculer les repères

N'ayant pas la stature d'un golgoth, j'avoue être un peu éloignée du stéréotype attendu d'un policier : de taille moyenne quand je suis en rangers (un peu plus grande en escarpins), plutôt mince, j'assume ma féminité et j'estime qu'elle n'entame en rien mon efficacité. L'uniforme de policier ne devrait pas travestir les personnalités pour faire des gens des petits soldats invincibles. Et j'éprouve ce besoin, tant dans mon apparence que dans d'autres aspects de ma vie, d'être alignée avec mes valeurs.

Évidemment, j'ai conscience d'avoir un peu dérangé, bousculé les repères et exaspéré littéralement une de mes anciennes cheffes, qui aboyait pour gagner en virilité, et mordait. Par instinct de protection probablement – pour rester dans le registre animalier, sauf que son attitude était imprégnée d'une sacrée dose de méchanceté ! Manager, ce n'est pas détruire des gens ni diviser pour mieux régner. Ce que j'étais, ce que je disais, ce que je faisais et la manière dont je le faisais : tout lui semblait inacceptable.

De fait, il m'est apparu assez vite que l'institution, avant de rechercher des « types » – pour ne pas dire des stéréotypes –, souhaite d'abord s'appuyer sur des personnes honnêtes et justes, dotées de discernement, d'analyse et de recul, d'impartialité et de sang-froid, d'adaptation et de réactivité, mais aussi des personnes humaines et fédératrices capables de piloter des équipes. Qu'est-ce que manager ? C'est sûrement le plus beau des métiers, mais rarement le plus simple. C'est considérer, encourager, valoriser chacun et l'inviter à s'inscrire dans la dynamique d'un groupe, en précisant les objectifs attendus, souvent exigeants et porteurs de sens, et surtout cela implique d'être juste, compétent et exemplaire. C'est aussi avoir confiance en ses équipes et en leurs potentiels.

La police est une institution extrêmement pyramidale et hiérarchisée, qui exige que chaque officier intègre, transmette et décline fidèlement les instructions reçues de l'échelon supérieur, et fasse en sorte d'atteindre les objectifs ou les cibles, en coordonnant et en s'appuyant sur le potentiel des équipes. Les missions confiées nécessitent de savoir jouer collectif. Et de fait j'ai mille fois observé que, face à la menace, l'esprit de corps renaît de ses flammes.

Le 1er août 2004 sonnait le glas de ma formation d'officier, une étape conclue par une cérémonie riche en émotions, mêlée de joies et d'angoisses face à l'inconnu. L'heure était venue de dire adieu à mes camarades et de me lancer dans mes premiers services d'affectation. De retour à Toulouse pour chercher mes affaires, je me revois jouer à Tetris dans le coffre de ma petite Peugeot 206 pour y faire tenir valises, petits et gros sacs… et mon chat, Natitingou, qui faisait naturellement partie du voyage.

Un nouveau chapitre s'ouvrait : je rejoignais ma première affectation, mon premier poste de commandement, à la police aux frontières (PAF), en Alsace, au pays des cigognes. Je ne connaissais pas cette région, bien éloignée de mon Tarn natal, mais, j'avoue, je l'ai adorée avec ses maisons colorées et ses traditions de Noël qui nous plongent dans la féerie. Professionnellement, j'ai aussi apprécié cette rigueur du Nord qui s'estompe au fur et à mesure qu'on se rapproche du soleil méditerranéen…

J'ai exercé durant sept ans à la PAF 68, j'ai connu trois services successifs, ponctués d'une parenthèse qui m'a comblée du plus beau des cadeaux : la maternité et la naissance de ma fille Eléa. Les dernières années, mon bureau surplombait l'aéroport de Bâle-Mulhouse, m'offrant une vue sur les versants suisse et allemand qui n'étaient qu'à quelques kilomètres. L'aéroport est un lieu de passage au carrefour de cultures vraiment passionnantes, notamment dans les relations professionnelles que nous nouions avec nos homologues policiers suisses et allemands.

À cette époque, je n'étais toujours pas consciente de l'ampleur de la maltraitance exercée sur les animaux. Pourtant, déjà, je ne supportais pas ces immenses camions où s'étageaient des centaines de porcs, de poules, de veaux… Cela me semblait contre nature. Leurs regards me bouleversaient. Le trafic routier est très dense en Alsace, des centaines de camions l'empruntent au quotidien, chargés pour certains de ces animaux promis à l'abattoir, transportés souvent dans des conditions barbares, écrasés les uns contre les autres dans une chaleur suffocante. J'ai toujours été scandalisée par ce spectacle. Ces créatures jeunes, aux yeux débordants de vie, qu'on emmenait vers une mort programmée, cela me touchait beaucoup, même si je n'étais pas végétarienne.

L'idée ne me serait pas venue, pourtant j'éprouvais déjà l'*émotion première*, celle qui considère qu'il y a dans ce système quelque chose de contraire à l'humanité.

En 2011, je quittai Mulhouse pour rejoindre Paname, ou plus précisément pour me rapprocher de celui qui était alors mon mari. Nous vivions à Paris, dans le XVe arrondissement, puis deux ans plus tard nous avons déménagé près du quartier Bastille, dans la caserne des Célestins, ce magnifique bâtiment de la Garde républicaine où, tous les matins, nous étions réveillés au son du clairon. Je venais d'être mutée à l'Observatoire national de la délinquance et des réponses pénales (ONDRP), une institution dépendant du Premier ministre, chargée de collecter et d'analyser toutes les données portant sur les crimes et les délits.

L'ONDRP était une sorte de fourmilière au sein de l'École militaire, au cœur du VIIe arrondissement, en face de la Dame de fer qui surplombe la capitale. Se croisaient, outre des policiers et des gendarmes, des criminologues, des douaniers, des statisticiens… Un endroit vraiment stimulant, niché au sein d'un magnifique édifice chargé d'histoire. J'avais probablement de la chance d'être là, mais honnêtement j'avais le sentiment de me faner.

Face à la mort

Je me suis alors lancé un nouveau défi : et si je retournais sur les bancs de l'université ? Pas à la fac de droit, dans le sillon de mes premiers pas. Je pensais davantage à un monde totalement inconnu qui m'intéressait déjà : l'université de médecine Paris-Descartes. Je souhaitais y passer un diplôme universitaire (DU) en deux ans, consacré à la bioéthique, aux traumatismes et autres troubles psychologiques. Vous l'aurez compris, c'est la figure de la victime qui me touchait le plus.

J'y ai appris à comprendre les effets, parfois indélébiles, sur la psyché humaine de scènes traumatisantes dont des personnes avaient été témoins.

Mon profil, enrichi par l'obtention de ce diplôme, a intéressé la sous-direction de l'action sociale et de l'accompagnement du personnel (Sdasap) de la police nationale. Cette sous-direction, basée dans le quartier de la Cour Saint-Émilion, œuvrait pour l'amélioration de la qualité de vie au travail des policiers. Une vague de suicides de policiers, plus importante que les précédentes, avait poussé les grands chefs à envisager la mise en place d'un nouveau dispositif baptisé « enquêtes suicide dépaysées » – dépaysées signifiant que je me rendais sur site pour enquêter.

L'objectif était double : déterminer les causes de ces gestes et la responsabilité de l'institution, dans le but de dégager une série de préconisations destinées à mieux prévenir l'acte fatal. J'étais flattée d'être retenue pour cette tâche ô combien utile ! J'ignorais alors que ce travail allait m'entraîner au-delà de tout ce que j'aurais pu imaginer et, hélas, me brûler les ailes… Car oui, j'appris à mes dépens qu'on ne se penche pas impunément sur des dizaines d'affaires impliquant des personnes qui ont mis fin à leur existence.

Mon travail consistait en effet à mener des enquêtes dites « post-suicides », c'est-à-dire à examiner tous les éléments qui les caractérisaient. Plongée dans les abîmes, immergée dans ce que les gens ont de plus sombre en eux, je m'imprégnais de ce que les suicidés – tous trop jeunes pour mourir – avaient transcrit partiellement sur leurs dernières lettres, ces mots couchés sur le papier, avant de s'endormir à jamais. C'était un travail de ce qu'on n'appelait pas encore du « cold case », de compréhension de dossiers qui n'avaient pas trouvé de résolution. Pour l'accomplir, je devais m'approcher au plus près de leur réalité, pénétrer leur intimité, rencontrer leurs proches, mais aussi leurs supérieurs et collègues, afin de saisir ce qui les avait conduits à commettre l'irréparable.

Ces auditions étaient destinées à élaborer ce que l'on appelle l'« arbre à causes », une carte des fractures profondes et de l'élément déclencheur qui conduisaient à cet acte courageux et lâche à la fois, qui bouleverse inévitablement la vie de tant d'autres personnes suspendues à des questions sans réponses : pourquoi… pourquoi n'ai-je rien vu, rien fait ? Il s'agissait, par ricochet, de repérer les signaux d'alerte globaux et les situations de fragilité, pour éviter de futurs potentiels passages à l'acte. J'y voyais du sens : sauver des vies.

Sur le papier, la mission semblait passionnante et, de fait, elle l'était… mais elle exigeait aussi de moi que je m'immerge dans des expériences qui repoussaient mes limites à l'extrême. J'ai mis du temps à m'avouer qu'il était compliqué de cohabiter durant plusieurs mois avec les psychés de personnes en phase d'autodestruction. Or notre esprit n'est pas fait pour mélanger l'ante-mortem et le post-mortem, autrement dit pour tisser un lien entre un corps sans vie et ce qu'il pouvait représenter avant le passage à l'acte : un papa, un amant, un fils… Je me consumais malgré moi, incapable d'intellectualiser des successions d'expériences violentes et d'en dresser des statistiques comme les autres. Cette capacité d'empathie est, du reste, un signe de bonne santé mentale !

Pendant longtemps, trop longtemps, j'ai ainsi partagé les errances de policiers en détresse qui par exemple après une maladie, un deuil, ou une séparation particulièrement douloureuse, se mettaient à boire, à consommer des drogues, à fréquenter compulsivement des prostituées, à jouer inconsidérément, affichaient des conduites à risque, tombaient dans le surendettement… Une spirale autodestructrice qui, malheureusement, ne prenait fin qu'avec la mort. Je ressentais toujours la même tristesse face à l'irréparable, sans me douter encore de tout ce qui s'inscrivait dans mes cellules, comme si je m'identifiais doucement à eux, par loyauté et fidélité. Certains d'entre eux m'ont bouleversée à jamais, la cicatrice reste indélébile. Les derniers mots, les prénoms, les larmes encore chaudes de leurs proches… Je me souviens de tout mieux que si c'était hier.

Je me souviens de ce jeune adjoint de sécurité dont le père était un collègue, fier d'apprendre que son fils venait de réussir le concours de gardien de la paix. Comme les autres défunts, ce jeune a laissé derrière lui de nombreuses questions restées sans réponse : était-il prêt à quitter le foyer familial ? à embrasser la même carrière que son père ? à accepter de tourner la page avec sa compagne du moment qui venait de rompre ? Parfois la réalité dépasse les polars – ici, son père l'a retrouvé dans la cafétéria au sous-sol du commissariat, gisant dans son sang, une balle dans la tête.

Je me souviens aussi des messages bouleversants que certains laissaient. « Pardon, papa, pardon, maman. Je vous aime, mais c'est trop dur ici pour moi. » Chaque cas est différent, cependant ils ont ce dénominateur commun de vouloir fuir une douleur, devenue insupportable, plutôt la volonté en soi que de disparaître à jamais ; mais c'est finalement la seule issue qui semble les soulager. Certains partent dans un moment de pulsion, d'autres planifient minutieusement leur projet, comme ce policier en plein divorce, qui avait loué une chambre d'hôtel pour se supprimer dans la baignoire… afin, disait-il, de « ne pas salir ». Je me souviens précisément qu'il avait rédigé quatre lettres distinctes, une pour ses parents, une pour son ex-femme, une pour ses deux filles et la dernière destinée aux collègues policiers primo-intervenants, c'est-à-dire ceux qui allaient trouver son corps et procéder à l'enquête. Il avait pensé à tout : les « je t'aime » pour les parents, les mots doux et réconfortants pour les filles, « la vidange de la voiture faite la veille » pour son ex (!) et les excuses pour les intervenants, qui seraient témoins de la scène d'horreur.

Le centième cas

Au printemps 2016, après deux années d'enquête approfondie sur ces affaires et l'examen minutieux de quatre-vingt-dix-neuf d'entre elles, j'eus la conviction d'être arrivée au terme de mes investigations, voire d'être à bout de forces… La centième m'aurait tuée. Je me sentais glisser vers le néant. J'étais restée trop longtemps en compagnie de ces fantômes policiers habités par la douleur et le mal-être. J'avais engrangé les émotions de trop de familles endeuillées, encore bouleversées, à qui j'avais posé des questions très intimes. J'avais tu auprès d'elles trop de vérités qui reposaient dans les dossiers – les défunts traînaient souvent de lourds secrets. À quoi bon salir leur mémoire ?

J'ai été exposée à une succession d'horreurs, sans même pouvoir anticiper un soutien psychologique extérieur. Je pense souvent à cette analogie très imagée (et naturellement, ne le faites jamais !) : prenez une casserole d'eau, faites-la chauffer et plongez-y une petite grenouille. Elle va bondir et s'enfuir. L'instinct de survie va la pousser, de toutes ses forces, à fuir le danger. Maintenant, mettez la même grenouille dans une casserole d'eau froide, faites-la tiédir, chauffer à feu doux : elle va se détendre, s'endormir doucement et n'aura plus la force de s'enfuir quand l'eau l'ébouillantera. Son destin est scellé. C'est tout à fait ce qui m'est arrivé. Je n'avais plus la force de réclamer du soutien, je m'étais cramée à la tâche, j'étais allée trop loin, j'avais repoussé mes limites, et frôlé le réel de la mort.

État de stress post-traumatique. ESPT. Derrière ces quatre lettres, la vie bascule et ne sera jamais plus comme avant. Physiologiquement, les psychiatres s'accordent à dire qu'il s'agit de l'effraction de la membrane de l'amygdale, une structure du cerveau qui reçoit constamment des informations sensorielles qu'elle évalue. Fonctionnant comme un système d'alerte, cette membrane décode les stimuli afin de pouvoir orienter et dicter des réactions comportementales, notamment face à la peur. Ainsi, tout est biaisé : hypervigilance, cauchemars, flashbacks, épuisement extrême… La vie vous invite en enfer. Dans tous les cas, il demeure une blessure invisible, ce qui complexifie la compréhension de l'entourage qui se sent démuni. C'est ce qui m'a frappée de plein fouet, sans avertissement, au printemps 2016.

Pour ne rien arranger, j'avais compris qu'une partie de mon travail suscitait de l'embarras. Parallèlement à l'élaboration de l'arbre à causes, mes enquêtes portaient également sur la part de responsabilité du service où avait travaillé le défunt. Or, si cette dernière était établie, cela pouvait entraîner des répercussions financières importantes par la suite : versement de pensions pour les orphelins ou soutien à la veuve. Autrement dit, si un lien de causalité direct était établi entre un dysfonctionnement du service, tel un grave problème de management, et le passage à l'acte, la famille avait la possibilité de se retourner contre l'institution. Ce que cette dernière ne souhaitait pour rien au monde. Le fossé se creusait entre mes valeurs et la froideur de l'administration : comment accepter qu'un enfant à qui l'on a arraché ce qu'il a de plus précieux, son papa, ne puisse bénéficier d'une indemnité pour poursuivre ses études et se construire un avenir ? Je le croyais à l'époque et je le crois toujours.

Durant ces années, le mal-être a envahi ma sphère privée, affectant profondément mon couple déjà fragilisé. Nos univers s'éloignaient inéluctablement. Lui, général de gendarmerie à la Garde républicaine, côtoyait le soleil et les étoiles. Moi, capitaine de police en charge des enquêtes post-suicides de policiers, j'affrontais et défiais quotidiennement l'enfer. L'inconnu m'effrayait, mais une vérité s'imposait à moi : je n'étais plus heureuse.

En 2017, l'administration reconnut les impacts irréversibles que mon travail avait occasionnés sur ma santé. Le poste fut définitivement supprimé, et mon affectation au sein de l'ENP Toulouse actée. Je divorçai de mon mari un an plus tard. Je retournai sur mes terres natales, après les avoir désertées durant plus de quinze ans. Elles m'avaient tellement manqué ! Le beau ciel de carte postale, les paysages verdoyants et vallonnés, l'accent chantant… Tout à ma joie de ce retour aux sources, j'ignorais que j'allais y découvrir la cause animale, et que cela allait transformer ma vie.

3

Les yeux ouverts

En août 2018, je fus affectée à l'École nationale supérieure d'application de la police nationale (ENSAPN, depuis rebaptisée plus simplement École nationale de police) basée dans le quartier Lardenne, en périphérie de Toulouse – où je travaille encore à l'heure où j'écris ces lignes, en qualité de cheffe du pôle Soutien et programmation. L'ENP s'est recentrée depuis peu sur la formation initiale des policiers adjoints et des gardiens de la paix. Précédemment, nous étions aussi impliqués dans le recrutement et la promotion des métiers de la police. Il s'agissait de tisser des partenariats privilégiés avec un certain nombre d'établissements scolaires, collèges et lycées, mais aussi à Pôle Emploi (France Travail maintenant), pour convaincre des jeunes gens d'embrasser la carrière.

Plus concrètement, nous travaillions à confirmer l'envie de s'engager chez ceux qui l'avaient déjà, d'exposer aux hésitants combien c'est un beau et important métier, et de semer des petites graines dans l'esprit de ceux qui n'y avaient pas même songé. Loin du stéréotype attendu, j'ai su, je crois, trouver doucement ma place et m'épanouir au contact de ces jeunes générations, que j'ai convaincues de la richesse et de la diversité de la profession. J'aime cette tâche qui consiste à donner envie.

Pour des raisons administratives liées à ma blessure en service, je n'étais pas encore à plein temps à mon arrivée à l'ENSAPN. Pendant six mois je n'ai travaillé qu'à mi-temps, pour concilier notamment ma reprise avec les soins. Aussi décidai-je d'investir mon temps et mon énergie dans une association locale. J'avais besoin de donner du sens à cette expérience douloureuse, de soigner les plus fragiles, sûrement besoin aussi de les *panser* pour ne plus *penser* à tous ces collègues tombés trop tôt.

Je n'ai pas eu besoin de chercher longtemps cette association, car, même si de nombreuses causes me tiennent à cœur, la protection des animaux m'intéressait déjà particulièrement. J'ai donc pris contact avec l'Association toulousaine de protection des animaux (Atpa), qui est sans aucun doute le plus grand refuge de la Haute-Garonne. Cette structure accueille et prend en charge chaque année des centaines de chiens et de chats orphelins, chacun avec son histoire. Je ne savais pas encore précisément en quoi consisterait mon engagement, mais j'étais touchée par la condition de ces animaux. Je m'imaginais déjà les nourrir, les promener, les caresser, leur parler : en somme, leur offrir un peu de réconfort et de tendresse. C'est exactement ce que j'ai fait au cours des premières semaines.

Mais j'ai rapidement été redirigée vers le pôle Enquêtes maltraitance de l'association, comme il en existe dans de nombreux refuges. Mon parcours de juriste et mes expériences professionnelles au sein de la police les avaient convaincus que je serais très certainement utile ici. Et ce fut le début d'une révélation, d'une aventure qui allait changer ma vie à jamais.

En effet, pour la première fois je prenais conscience de ce que pouvait être la maltraitance animale. Ce n'étaient plus deux mots juxtaposés, mais une déclinaison d'horreurs et de barbaries gratuites, injustifiées. Je me souviens d'une des premières affaires qui me firent découvrir la réalité. Au mois d'avril 2018, l'Atpa-SPA reçut un signalement de maltraitance animale particulièrement choquant dans les quartiers nord de Toulouse.

À notre arrivée, nous avons constaté que le chien, qui s'appelait Potino, était attaché trop court, bien trop court, à un meuble du salon. Il lui était donc impossible de s'asseoir et de s'allonger, une vraie torture. Ses pattes étaient lacérées, les plaies saignaient encore. La mère du propriétaire, qui nous avait invités à entrer, nous raconta que son fils brisait des bouteilles de verre et le frappait de toutes ses forces avec, pour le « punir ». Elle nous céda de son plein gré ce petit loulou au regard triste. Potino ne le savait pas encore, mais son cauchemar touchait à sa fin. Il allait enfin connaître un répit et avoir une chance de trouver une chouette famille.

Potino, au poil tout noir, avait moins d'un an. Son corps était couvert d'hématomes, de cicatrices. J'aperçus une bosse sur son crâne et une déformation sur le côté de sa tête boursouflée. Son regard apeuré plongea dans le mien et ne le quitta plus. Il posa sa tête sur mon épaule, profitant d'un peu de douceur dans ce monde de brutes. J'admirais déjà sa silencieuse résilience.

Clairement, la situation de ce foyer était trop grave pour se résoudre à traiter l'affaire « à l'amiable ». Potino ne semblait pas être la seule victime, la mère du délinquant tremblait aussi. L'équipage de police, resté en retrait jusqu'ici, permit l'interpellation de l'auteur, la confiscation du jeune chien et le dépôt de plainte de la mère. Je me souviens encore du sourire fier des collègues, heureux d'avoir extrait ces victimes de l'enfer.

Les malheurs de Potino furent pour moi un déclic, une révélation. Pourquoi tant de violences impunies, infligées à ce petit être sans défense ?

Mais je découvris que les choses ne sont jamais simples quand il s'agit de maltraitance. Quelque temps plus tard, le même homme avait adopté un autre souffre-douleur, un chiot. Les voisins du même domicile signalaient qu'ils entendaient hurler la nuit, décrivant ce qui ressemblait à des coups de ceinture – une violence qui nous serait confirmée par l'auteur des faits lui-même, prétextant qu'il le punissait quand il faisait ses besoins dans la maison.

Je compris l'impérieuse nécessité de créer un maillage de forces de l'ordre, capables d'intervenir dans de telles situations mais aussi d'éveiller les consciences du plus grand nombre ; car la réalité était sous-estimée, pour ne pas dire ignorée, du grand public. Mais j'avais également bien conscience de l'ampleur de la tâche à réaliser pour tenter d'y remédier.

L'immensité de la tâche

Je constatai que les moyens mis en place pour lutter contre ce fléau étaient fragiles, mal coordonnés et donc assez peu efficaces. Le pôle Enquêtes de l'Atpa était ainsi occupé par deux « enquêteurs » et une « enquêtrice » dont l'âge cumulé dépassait les deux cents ans. Bien qu'ils soient adorables et volontaires, ils n'avaient reçu aucune formation spécifique pour ce travail. Ils avaient appris sur le terrain et intervenaient seuls sur les lieux des signalements. Il ne s'agit pas là d'une critique : l'Atpa, comme la plupart des associations de protection animale, fait ce qu'elle peut avec les moyens, souvent insuffisants, dont elle dispose. Les enquêteurs bénévoles sont majoritairement des passionnés : leurs intentions et leur engagement pour la protection des animaux sont louables, mais ils ne sont pas toujours enclins à respecter certaines règles pour intervenir en toute légalité.

En effet, faire cesser une souffrance animale doit le plus souvent passer par la confiscation de l'animal, pour le mettre en sécurité, sans, évidemment, le consentement de son propriétaire. Cela peut donc nécessiter parfois des moyens de contrainte qui doivent être employés avec pertinence, dans un cadre légal prévu par les institutions. Cette nécessité de respecter le cadre me semblait évidente, en tant que femme appartenant aux forces de l'ordre. Mais je fus témoin de comportements pour le moins surprenants : dans certains cas de maltraitance, des bénévoles d'associations n'hésitaient pas à prendre le risque de jouer les « cow-boys ». Ils pénétraient chez des particuliers, sans avoir recueilli leur assentiment, pour constater la maigreur ou les mauvaises conditions de vie de l'animal et décidaient de leur propre chef de le leur retirer, sans respect aucun du cadre légal.

Outre le risque encouru pour leur sécurité physique, je dois dire que ces personnes desservaient la cause. Il n'est jamais souhaitable que la passion l'emporte systématiquement sur la raison, même si, je l'entendais bien déjà, le rythme de la justice n'est pas le même que celui de l'urgence vitale à laquelle certains animaux sont confrontés. Ces actions sont, bien entendu, réservées exclusivement aux policiers et aux gendarmes qui doivent les mener dans le respect du droit et du code de déontologie, et conformément aux instructions du parquet. Or tout cela se faisait dans un flou juridique total.

Alors que mon action au sein de l'Atpa impliquait que je sois plongée dans des enquêtes plus glauques les unes que les autres, j'eus l'idée d'entrer en contact avec des collègues policiers pour connaître la réalité du terrain toulousain. Ce fut une excellente initiative. Je peux même écrire qu'à ce moment-là, sans le savoir, j'ai planté la toute première graine de ce qui deviendrait Les 4 Pattounes.

Même si les policiers avaient une connaissance solide de ce qui se déroulait illégalement sur leur territoire, ils ignoraient presque tout des maltraitances perpétrées sur les animaux de compagnie. Non seulement ils n'en connaissaient pas les auteurs, pas plus que les sanctions associées, mais le plus souvent ils ne savaient même pas qu'il était de leur devoir d'intervenir ! J'allais découvrir par la suite que les gendarmes étaient logés à la même enseigne : la majorité ignorait que les maltraitances animales constituent des infractions et que, par conséquent, ce domaine relève de leur responsabilité. Je le ressentis bien au cours des premiers échanges avec eux : « Ah oui ? Tu t'intéresses à ça, toi ? » s'étonnaient-ils, comme s'ils évoquaient un passe-temps un peu étrange.

Toutes les pièces du puzzle se mettaient en place sous mes yeux stupéfaits, d'une manière fluide et presque irréelle. Je constatai brutalement la manière dont la maltraitance animale était combattue en France – ou plutôt la manière dont elle ne l'était pas. Aucun vrai lien n'avait jamais été noué, aucune communication n'avait jamais été établie entre deux entités qui auraient pu et dû unir leurs forces, et ce depuis longtemps. Il y avait, d'un côté, des associations de défense des animaux qui intervenaient spontanément pour faire cesser les violences, alors qu'elles ne détenaient aucun pouvoir pour le faire. Et de l'autre, des forces de l'ordre qui ne s'en préoccupaient pas, ou très rarement. Leur dénominateur commun ? Une méconnaissance criante des textes de loi.

J'avais devant moi un cas d'école : les sévices infligés aux animaux restaient impunis en raison d'une situation que personne ne maîtrisait vraiment, où les attributions n'étaient ni bien connues ni bien réparties. Moi-même, je l'avoue humblement, je n'y connaissais rien ou presque à ce moment-là.

Durant la première année d'exercice, je peux le dire, j'ai beaucoup, beaucoup appris. Je ne savais même pas ce qu'était un chien de catégorie, et n'avais aucune idée de l'arsenal juridique qui permet de lutter contre la maltraitance. La bonne nouvelle, c'est que la loi française prévoyait ces faits ; mieux même, elle les sanctionnait avec sévérité. Restait à permettre son application concrète.

Le destin, en me permettant de donner ce coup de main inopiné à l'Atpa de Toulouse, m'avait placée à un point de jonction extraordinaire. J'étais à la fois en première ligne du sombre spectacle et en mesure de faire évoluer les pratiques.

Très rapidement – bien plus rapidement que je ne l'aurais supposé –, les collègues se transmirent mon numéro de téléphone. Je fus identifiée par mes pairs comme « la capitaine des animaux », celle qui était investie à fond dans cette cause et connaissait les textes de loi sur le bout des doigts. Je pouvais donc répondre de manière crédible aux questions liées à la réglementation et donner des indications pratico-pratiques pour les interventions de terrain. J'avais chaque fois deux impératifs : sauver la vie d'un animal en souffrance et ne jamais mettre l'équipage intervenant en difficulté.

Bientôt, je perçus que certains de mes collègues étaient prêts à se retrousser les manches. Je les informais d'un signalement et ils intervenaient sur tel ou tel cas de maltraitance – quelquefois davantage pour me faire plaisir que par conviction, mais peu importait. L'essentiel était là : on avançait ! Je les encourageais et j'étais très fière d'eux.

Construire pierre à pierre

Ces rencontres avec des collègues de terrain, qu'ils soient policiers, policiers municipaux ou gendarmes, à l'occasion de signalements, étaient pour moi – et sont toujours – extraordinaires. Je peux me montrer sévère avec l'institution et son fonctionnement, mais je considère ces femmes et ces hommes comme des héros, des vrais. Ils sont en effet capables de donner leur vie au nom du devoir de sauver qui coule dans leurs veines. Ce sentiment de constituer avec eux une grande famille, d'être leur *collègue*, représente à mes yeux une grande fierté.

En discutant avec les uns et les autres, je compris aussi que quelques policiers et gendarmes – souvent de sexe féminin – avaient déjà, au fond d'eux, cette sensibilité à la cause animale. Mais qu'ils avaient été découragés dès leurs premiers essais. D'autres paraissaient curieux de se frotter à une matière dont ils ne savaient rien, même si, bien sûr, ils s'y essayaient avec un peu d'appréhension. Un policier, c'est bien compréhensible, a besoin pour intervenir en toute sécurité sur le terrain de savoir ce qu'il doit faire, ce qu'il a le droit de faire et où s'arrêtent ses prérogatives. Il doit pouvoir aussi anticiper la situation au cas où elle en viendrait à dégénérer – ce qui n'a rien d'improbable, hélas, quand on s'introduit chez des gens violents ayant parfois un casier judiciaire plus riche que le CV de Jacques Mesrine… Quelle que soit la situation rencontrée, comme dit William, mon chéri, « de la maîtrise naît la sérénité ». L'objectif est de rester professionnel, efficace et dans les clous, conformément à la loi et aux instructions reçues.

La période du confinement a exacerbé et modifié dans le meilleur, comme dans le pire, la relation avec les animaux. Les signalements, notamment de violences, devinrent de plus en plus nombreux dès 2020. En s'appuyant concomitamment sur notre « savoir-faire » grandissant et notre « faire-savoir », notamment sur la toile, on optimisait ainsi le repérage, le traitement et donc l'efficacité attendue par les victimes et les citoyens sensibles à la cause.

Pour affronter la diversité des signalements qui se présentaient à nous – car les gens ont une grande imagination quand il s'agit de maltraitance, vous l'avez bien compris –, je me rapprochai doucement d'experts vétérinaires ou d'avocats. Il s'agissait d'étoffer les connaissances que j'avais commencé à acquérir. Ce fut le début d'une fabuleuse aventure humaine. Je comprenais qu'il était indispensable d'engager la force du collectif, d'impliquer l'ensemble des institutionnels de la maltraitance animale, dans leurs champs de compétence respectifs : policiers, gendarmes et magistrats, mais aussi maires, policiers municipaux, pompiers, avocats et vétérinaires… La liste était longue et non exhaustive.

Mon défi était de les sensibiliser et d'inviter ces personnes d'horizons différents à travailler sur un même et seul objectif. Rien n'était gagné ni évident, tout restait à construire, pierre par pierre.

4

Naissance des 4 Pattounes

Le 18 mai 2019, par un beau samedi de printemps, les statuts de l'association Les 4 Pattounes furent déposés à la sous-préfecture de Muret ainsi qu'au *Journal officiel*. Ce fut un moment émouvant, surtout si l'on met en perspective cette naissance sous le thème astral du taureau – animal majestueux, très souvent victime de spectacles injustes autorisés sous prétexte de coutumes. Aucun doute, notre combat était là : lutter contre la cruauté gratuite infligée aux plus faibles, œuvrer pour réduire les violences au sein de la société.

Avec le recul, je reconnais que ce nom, Les 4 Pattounes, tout à fait mignon, pouvait desservir notre crédibilité et prêter à sourire, notamment sur le plan médiatique. J'ai très vite réalisé la dissonance entre la gravité de notre combat et la légèreté apparente de notre appellation. Dès les premières interviews radio ou télé où je dressais un bilan sombre et glauque de la maltraitance animale, ces trois mots rose bonbon ont interpellé plus d'un journaliste. Faudrait-il les changer ? La question s'est posée. En même temps, ils sont explicites et fidèles à notre marque de fabrique. En effet, Les 4 Pattounes doivent leur nom aux quatre petites émoticônes représentant des pattes de chien que je collais à la fin des premiers comptes rendus de nos réunions. C'est ainsi qu'une bénévole de l'association a proposé : « Et pourquoi pas Les 4 Pattounes ? » Ma foi, l'idée fut adoptée.

Il faut bien le dire : en 2019, aucun d'entre nous n'aurait osé imaginer le chemin parcouru ni même pensé s'adresser à des médias nationaux, des autorités judiciaires ou bien être reçu place Beauvau, chez le ministre de l'Intérieur. Évidemment, nous étions tous très conscients de l'importance de ce que nous entreprenions pour les animaux et même, je l'ai dit, du caractère inédit de notre tâche. Nous n'avions toutefois pas envie de nous prendre au sérieux.

Je dirais avec du recul que cette hyperaccessibilité avait du bon, car elle nous a permis de nous fondre dans le paysage des associations de protection animale, mais aussi de décliner en quatre points notre stratégie, ou plutôt nos actions, pour enrayer efficacement à court et moyen terme ce fléau grave qu'est la maltraitance. C'est ainsi que sont nés nos quatre axes d'action : aider les animaux en refuge et en détresse, promouvoir leur adoption, sensibiliser les nouvelles générations, lutter contre la maltraitance animale.

La naissance de l'association Les 4 Pattounes représenta pour moi l'extraordinaire opportunité de pouvoir agir sous le statut associatif. Celui-ci me permettait en effet de créer des partenariats, des conventions, des formations, et de répondre aux médias tout en respectant la discrétion réclamée par l'administration policière. Il faut bien le dire : intervenir en qualité d'officier aurait engagé l'institution, et donc nécessité un déluge d'autorisations !

La vie est passionnante quand elle se construit sur une succession de rencontres et d'échanges avec des gens nouveaux, des gens intéressés, intéressants, dont les attentes correspondent, peu ou prou, aux vôtres. Vous vous trouvez alors lancée dans la même quête, et quand vous avez croisé ces bonnes personnes elles en attirent d'autres qui amènent leurs propres idées et leur énergie, et contribuent à ce grand rêve collectif.

C'est cette réalité que j'ai eu la chance de connaître à la naissance des 4 Pattounes. Nous étions convaincus que le chemin serait long. Pour mieux décrire la situation, je reprendrai la formule de Mark Twain : « Ils ne savaient pas que c'était impossible, alors ils l'ont fait. » De fait, en œuvrant pour la défense des animaux, je commençais à croiser sur mon chemin d'autres personnes qui partageaient mes préoccupations. Ces alliés de qualité avaient envie, comme moi, de faire changer les choses en faveur du bien-être animal, mais sans déroger à l'application de la loi.

Les 4 Pattounes, c'est une histoire de belles rencontres avec des gens à la fois incroyablement compétents et investis, généreux et déterminés, et pour cela aussi je ne saurais dire à quel point j'ai été chanceuse, car au départ la probabilité de se rencontrer frôlait un multiple de zéro. Cela aurait été plus simple de trouver une aiguille dans une botte de foin ou une croquette orpheline oubliée malencontreusement dans la gamelle de mon Hancock !

J'ai d'abord connu Vincent Fernandez, un gendarme très engagé sur sa circonscription. Il m'a contactée par l'entremise d'Évelyne, une enquêtrice de l'Atpa-SPA avec qui j'avais fait mes premiers pas. Il œuvrait à Beauzelle, à l'ouest de Toulouse, et nous avons immédiatement saisi que nous étions sur la même longueur d'ondes, notamment dans le rejet commun de la rivalité entre la police et la gendarmerie. Il nous paraissait urgent de mobiliser nos énergies et d'unir nos forces, car on partait du point zéro, proche du néant, chez nos camarades et collègues confrontés au terrain. Toujours les mêmes raccourcis, les mêmes biais cognitifs : « C'est un chien, laisse tomber, c'est pas pour nous. Dis-leur d'appeler le refuge, ils vont gérer. » C'était évident, nos carences et besoins en police et en gendarmerie étaient similaires, notamment en matière de formation. Nous avions les mêmes alliés, les mêmes cibles si j'ose dire, et nous nous confrontions à la même lourdeur administrative.

J'ai aussi pu rapidement compter sur les éclairages juridiques de Céline Peccavy, une avocate spécialisée dans le droit animalier, aujourd'hui domiciliée à Versailles. En l'occurrence, j'avais pris l'initiative de la contacter pour son expertise, bien consciente de l'exigence requise pour mener à bien nos plaintes en la matière.

Vétérinaire très engagée dans nos actions, Marie-Christine Weibel a, quant à elle, rejoint l'association sur un malentendu. Elle pensait assister à une autre session en cliquant sur le lien d'invitation d'une de nos visioconférences. Quelle surprise, mais quelle joie aussi, qu'elle adhère aussi vite et aussi intensément à nos projets ! Aujourd'hui, Marie-Christine est à nos côtés lors de nos déplacements et anime le module maltraitance dans les écoles de police.

Délit de « sale gueule »

Océane Richard, précieux soutien de l'association en sa qualité de vétérinaire comportementaliste, est passionnée et soucieuse du bien-être animal. Spécialisée dans les chiens dits « de catégorie », donc jugés possiblement dangereux, elle les sait surtout victimes du délit de « sale gueule ». Océane est vite devenue incontournable pour Les 4 Pattounes, tellement ces races de chien se trouvent à l'épicentre de nos actions ; une réalité que peuvent confirmer les éducatrices canines Ségolène Raineau, responsable de la pension Blue Dog, et Sandrine Vannucchi, l'une de nos vice-présidentes en charge du refuge Les vacances des poilus.

Ces expertes interviennent sur le sujet au nom de l'association, d'une part pour présenter la réglementation stricte imposée à ces loulous, d'autre part pour évaluer leur comportement. Océane, quant à elle, réalise les « diagnoses de race ». Cette analyse permet de déterminer, sur la base de la morphologie de l'animal, s'il appartient ou non à une catégorie de chiens réglementée, notamment après un abandon ou une confiscation.

Ségolène et Sandrine savent bien que ces « molosses au cœur d'argile » sont les premières victimes de la maltraitance, parce qu'ils sont majoritairement adoptés par des personnes qui cherchent, parfois par le biais de cette acquisition, à proclamer quelque chose de leur virilité – mais qui ne savent pas du tout s'occuper de ces gros chiens ni leur apporter ce dont ils ont besoin. Ce sont des armes qu'ils croient avoir achetées, alors que dans le fond ces loulous sont de vraies boules d'amour, Hancock en premier lieu (mais je manque d'objectivité, je l'avoue). J'aurais mille et une anecdotes qui vous feraient douter du malheureux raccourci à propos des supposés « chiens méchants » ou « dangereux ». Comme je le dis souvent, il faut en premier lieu regarder qui se trouve *de l'autre côté de la laisse…*

Fréquemment, il faut l'admettre, staff et malinois se retrouvent au carrefour de fragilités diverses. Je me souviens du cas de Ragnar, un jeune staff couleur merle, qu'une jeune fille fragile et souffrant d'alcoolisme avait sauvé des mains de personnes malintentionnées dans un de ces quartiers où l'animal est une proie facile pour la cruauté. L'intention première était belle. Pourtant les ingrédients de l'enfer étaient réunis, car cette jeune fille oubliait de rentrer chez elle durant des journées entières, laissant Ragnar et deux autres staffs femelles avec lesquelles il cohabitait livrés à eux-mêmes dans son petit appartement de la banlieue toulousaine. Comme ils étaient affamés et affolés, je vous laisse imaginer les aboiements, l'état de dégradation générale du logement et l'odeur nauséabonde qui s'en dégageait. Jusqu'au jour où ce qui devait arriver arriva : une violente bagarre explosa entre les deux staffs femelles rendues folles par le confinement. Le sol et les murs étaient éclaboussés de sang, l'altercation ayant a priori blessé mortellement l'une d'entre elles. Les voisins étaient paniqués. Les policiers, les pompiers et les salariés de la Société d'assistance pour le contrôle des populations animales (Sacpa) se relayèrent sur place pour mettre en sécurité les animaux victimes.

Comme dans les contes de fées, tout finit plutôt bien : les deux femelles batailleuses ont été soignées et ont rejoint respectivement la Sacpa et la Atpa, et l'une a même donné naissance à neuf petits chiots quelques jours plus tard. Quant à Ragnar, il a été pris sous l'aile des 4 Pattounes, plus précisément sous celle de Florence Mazabraud, une vraie maman poule pour tous ces orphelins oubliés par le bonheur. Ragnar a goûté et très vite apprécié les balades en plein air, les bonnes gamelles et les jeux avec ses congénères. Son regard avait changé, il croquait enfin la vie.

Cette parenthèse lui avait vraiment été bénéfique et lui avait inculqué les bons codes. Le temps de son envol était arrivé, il nous fallait lui trouver une famille aimante, capable de répondre à ses besoins. Après plusieurs tentatives échouées avant même les présentations, ce qui était bien compréhensible dans cet exercice délicat, nous avons opté pour une famille dévouée. Comme chaque fois, ce fut une joie profonde pour nous de savoir que nous avions changé la vie de Ragnar.

Je repense aussi à Kiara, petite malinoise dénutrie, tabassée par son tortionnaire qui avait déjà tué un chiot et frappé son ex-compagne quelques mois plus tôt. Il fallait agir vite pour retirer Kiara à cet individu impulsif et violent, avant qu'il ne lui inflige le pire. Au moment de l'intervention, Kiara était encore un gros bébé recroquevillé sur elle-même, blottie dans une cage de transport, au milieu des excréments qui jonchaient le sol d'une petite salle de bains aveugle. Elle était dans le noir, condamnée à souffrir. Kiara a été retirée de justesse : le vétérinaire découvrit plus tard une fracture mal consolidée sur l'une de ses pattes arrière.

Chez Florence, Kiara a découvert la douceur du jour, la chaleur d'une caresse, la joie des repas sains et des balades à la campagne. Pour elle aussi, le temps était venu de s'envoler. Et pour elle aussi, après quelques échecs avant même les présentations, nous lui avons trouvé une famille attentive à son bien-être. Elle savoure aujourd'hui sa vie paradisiaque !

Ces belles histoires contribuaient à faire connaître l'action des 4 Pattounes à certains professionnels, dont les antennes étaient sans doute un peu plus affûtées que celles de leurs collègues. Très tôt dans l'aventure, j'ai ainsi été contactée par l'assistante parlementaire de Corinne Vignon, alors députée de la troisième circonscription de Toulouse, très à la pointe du combat animalier, et présidente du groupe d'études sur le bien-être animal à l'Assemblée nationale. Son soutien nous fut précieux, et je dois dire que je prêchais une convaincue quant au besoin de créer une force d'intervention policière spécialisée dans le traitement des signalements pour les animaux.

Cheffe d'orchestre

Avec humilité, je m'improvisai cheffe d'orchestre. Il s'agit en effet à mes yeux d'une appellation tout à fait modeste, la tâche du chef d'orchestre étant de faire se rencontrer des artistes, des experts et plus largement, ici, des professionnels engagés, puis de coordonner leurs talents. J'étais intimement convaincue de la force des vertus du collectif et du travail d'équipe, certitude qui n'a été que renforcée par mon expérience d'officier de police : face à l'adversité, seul on ne va jamais très loin, on ne remporte jamais de victoire pérenne.

Au carrefour de cette noble cause se croisaient des professionnels d'horizons bien différents, et c'est cette complémentarité qui contribuait à notre richesse et à nos réussites à venir, quand la tolérance laissait une place à la différence. Comme pour toute partition musicale interprétée par plusieurs instruments, il a fallu une période d'ajustement pour atteindre un résultat satisfaisant. Chaque professionnel avait naturellement tendance à rester dans sa zone de confort. Ainsi, chacun cherchait une légitimité et une reconnaissance qu'il trouvait plus facilement auprès de ses pairs.

Je repense parfois à ce que m'avait dit Évelyne, une enquêtrice de l'Atpa, quand je commençai à entrer en contact avec mes collègues policiers et gendarmes : « À toi, ils te racontent des choses de terrain, vous parlez le même langage. À moi, ils se contentent de m'offrir le café quand je suis avec toi, mais ils ne me disent rien ! » Voilà pourquoi Les 4 Pattounes ont, assez vite, acquis une crédibilité doublée d'une légitimité : parce que l'association a misé sur l'expertise de chacun et le respect des revendications corporatistes. C'est une question de confiance.

Depuis 2019, pour ne pas dire 2017, je mène deux existences : celle d'un officier de police à 100 %, et celle de présidente des 4 Pattounes à 200 %. C'est peu dire que cette dernière fonction me nourrit intérieurement : elle s'insère dans le moindre espace libre de mon agenda et occupe autant mes pauses déjeuner que mes soirées et mes week-ends parfois, au gré des sollicitations de collègues et des signalements reçus. Être sur tous les fronts au service des animaux en détresse a donné beaucoup de sens à ma vie.

Je me souviens encore de ma toute première intervention médiatique, si l'on peut l'appeler ainsi. En effet, on ne peut pas dire qu'elle ait été très glorieuse ! L'association n'avait d'existence officielle que depuis quelques semaines, et nous devions organiser une intervention ludique destinée à sensibiliser les enfants d'une école primaire de Lardenne, un quartier de Toulouse. J'y voyais là une occasion de nous faire connaître. Je me rappelle avoir contacté par mail la rédaction de *La Dépêche* locale, pour la motiver à faire un petit article sur notre événement innovant, en précisant qu'il y aurait beaucoup d'enfants qui avaient hâte de nous rencontrer (mais avaient-ils vraiment hâte de nous rencontrer ?).

Je n'ai jamais su si j'avais réellement convaincu mon interlocuteur par ces quelques mots, qui, soyons honnête, ressemblaient un peu à une supplication, ou si c'est sa curiosité qui a été piquée. Toujours est-il qu'un journaliste de *La Dépêche* nous a accompagnés. Il a pris une photo qui a illustré l'article paru dans le journal du lendemain, à ma grande joie ! C'était notre toute première fois.

5

« Elle nous fait vraiment chier avec ses animaux ! »

Toute à ma joie d'œuvrer en faveur de notre cause, dont l'utilité me semblait faire l'unanimité, j'étais à mille lieues d'imaginer que le plus compliqué à gérer viendrait non pas des animaux eux-mêmes, ni même de leurs propriétaires défaillants, mais, le plus souvent, de ceux que je pensais être naturellement dans mon camp. Surprenant ?

Pourtant, il ne passe pas une semaine sans que je repense à cette citation de Confucius : « Lorsque tu fais quelque chose, sache que tu auras contre toi ceux qui voudraient faire la même chose, ceux qui voulaient le contraire, et l'immense majorité de ceux qui ne voulaient rien faire. » Aujourd'hui, je peux vous assurer que les première et dernière de ces catégories de personnes sont, paradoxalement, les plus virulentes.

Car cet investissement ne m'a pas valu que des amitiés au sein même de certaines associations de protection animale, qui voyaient dans Les 4 Pattounes non un appui nouveau, mais une rivale qui leur ferait immanquablement de l'ombre.

C'est ainsi, les corporatismes, les immobilismes existent dans toutes les professions, et il n'y a pas de raison que les secteurs associatifs, même si leurs motifs d'action sont plus nobles que la moyenne, échappent à cette réalité humaine.

Mais mon engagement n'a pas non plus fait que des heureux au sein de la hiérarchie intermédiaire de la police. Un commissaire m'affirma un jour que j'étais « précurseure en la matière »… Et venant de lui, ce n'était pas un compliment. À ses yeux, « c'était trop tôt, peut-être que dans dix ou vingt ans on s'y intéresserait… » Le discours typique de « l'immense majorité qui ne voulait rien faire » qu'évoque Confucius. Sauf que moi, je n'avais pas vingt ans à perdre! Dans vingt ans, lui comme moi serions à la retraite, et rien ne me garantissait que l'histoire irait dans le bon sens. Devant ces animaux en souffrance, chaque minute comptait. Mais quel temps précieux j'ai consacré à me justifier, à expliquer notre démarche!

Bien sûr, je ne dis pas qu'aucun progrès n'a été accompli. Revenons une dizaine d'années en arrière. Les policiers et gendarmes n'intervenaient alors presque jamais pour traiter des affaires de maltraitance sur animaux domestiques, et il n'existait pratiquement aucun magistrat qui aurait songé à accorder un suivi particulier à ces affaires. Tout le monde les ravalait en effet au rang de « fatalités » domestiques, vous savez, de ces réalités qu'on déplore, mais face auxquelles on hausse les épaules dans un geste de relative impuissance. Si quelqu'un leur avait demandé ce qu'ils en pensaient, la plupart auraient répondu quelque chose comme: « C'est vrai, il existe sans doute un certain nombre de propriétaires qui se montrent terribles avec leurs animaux de compagnie. C'est comme ça. Mais heureusement, ils sont rares. Et puis ce n'est qu'une violence de plus dans le vaste panel des violences qui sont commises aujourd'hui. On a déjà tellement à faire! »

Autrement dit, les faits étaient invisibilisés, bien plus encore qu'ils ne le sont aujourd'hui.

C'est une réalité : l'état d'esprit des policiers, gendarmes et magistrats sur une question de société est très souvent calqué sur celui de l'opinion publique. Si un peuple n'a pas la conscience aiguë d'un problème, s'il n'est pas révolté par certains fléaux parce qu'il n'a pas été alerté sur son ampleur, il y a fort à parier que les politiques, qui sont occupés à bien d'autres affaires, s'en désintéresseront, que les médias ne lui consacreront pas de place et, par conséquent, qu'aucun des dépositaires de l'autorité publique ne pensera à les traiter avec l'attention qu'ils méritent.

On sait combien il en faut, du temps, pour que les mentalités changent, pour que ce qui semblera, plus tard, relever de l'évidence soit perçu et considéré comme assez scandaleux pour mettre en œuvre des actions correctives. Cela prend des années pour que les premiers convaincus réussissent à éclairer les autres, qu'ils brisent patiemment les idées reçues, le fameux « ça a toujours existé » et son implacable variante « si on commence à traiter ça, on n'en sortira jamais »... Et plus de temps encore pour que les pratiques quotidiennes commencent à évoluer, d'abord en surface, puis à changer en profondeur.

Pensons aux décennies de quasi-déni qu'il a fallu traverser avant que les violences faites aux femmes soient considérées comme autre chose que des incidents « regrettables, mais difficiles à éviter », et, surtout, « relevant de la sphère privée », des événements qui ne regardaient personne hormis les couples eux-mêmes. Repensons également à ce silence accablant qui a entouré les agressions sexuelles subies par des enfants, alors même qu'elles se produisaient, au vu et au su de tous, au sein des familles. Bien sûr, personne n'aurait osé affirmer qu'il s'en moquait. Mais il a manqué collectivement la coordination et la détermination pour une prise en charge globale et efficace de ce scandale.

Heureusement, il arrive toujours un moment où il devient impossible de continuer à fermer les yeux. Parce que les victimes parlent, écrivent, disent leur fait à la société, et que celle-ci finit par les entendre. Les animaux victimes de maltraitance, hélas, ne peuvent s'adresser à nous autrement qu'avec leurs regards apeurés et leurs corps abîmés. Et c'est à nous, les associations de défense de la cause animale, que revient encore la tâche difficile d'éveiller les consciences. Aujourd'hui, notre société est toujours bloquée à un stade intermédiaire où, à la fois, nous sommes sortis de la culture du « on ne peut rien faire », mais où, d'autre part, il faut composer avec les freins culturels.

Le traitement à géométrie variable

Ici comme ailleurs, quelle que soit l'infraction, son traitement judiciaire reste à géométrie variable sur le territoire et dépendra de plusieurs facteurs. Bien sûr, une fois formés par Les 4 Pattounes, ces professionnels ont majoritairement envie de bien faire. Mais en réalité le traitement de ces affaires n'est pas d'une qualité constante, notamment d'un commissariat ou d'un parquet à l'autre, ce qui est dommageable et déstabilisant.

Cas typique : quand vous êtes témoin d'atrocités, affolé, vous composez le 17. « Vous avez appelé la police, ne quittez pas, un agent va prendre votre appel. » Vous voilà redirigé vers la salle de commandement d'un commissariat, qui reçoit en direct tous les malheurs de la ville et déploie sur place les équipages en fonction de la priorité donnée et des faisabilités du moment.

Car dans les faits, les équipages sont quelquefois très pris par d'autres affaires plus urgentes et n'ont pas, matériellement, le temps de traiter celle-ci. Il arrive aussi que, alertés, les policiers et gendarmes se déplacent mais manquent totalement d'efficience, faute de formation. Ces dysfonctionnements, je les regrette mais je peux les comprendre. Ce que j'accepte moins, c'est quand la négligence relève d'un choix délibéré. Certains se montrent en effet assez réactifs, le fait que je sois une collègue et qu'ils me sachent impliquée dans le combat des animaux suffisent à les motiver. Mais d'autres, pas du tout. Je me souviens encore des propos d'une commandante de police, lâchant : « Elle nous fait vraiment chier avec ses animaux ! »

Certes, tous les réticents ne sont pas aussi francs du collier. Tous ne sont pas forcément opposés radicalement à nos actions, mais ils forment cette grande majorité de ceux *qui ne veulent rien faire* ou, pire encore, dont la présence sur l'organigramme se limite à nourrir leur ego.

Ces réfractaires peuvent se cacher sous la robe d'une magistrate, sous la casquette d'une hiérarchie policière, et quelquefois – même si c'est plus rare – sous le stéthoscope d'un vétérinaire. Chacun privilégie ses petits avantages, suit ses petites habitudes. Ils se crispent et font preuve d'hostilité.

Comment expliquer cette attitude de la part de professionnels, d'honnêtes fonctionnaires liés par le devoir d'impartialité et qui ne veulent bien sûr aucun mal aux animaux ? C'est une donnée qu'il faut comprendre, parce qu'elle est primordiale pour saisir la lenteur des évolutions culturelles. En premier lieu, rappelons que tout changement vient bousculer la fameuse zone de confort et toutes les petites certitudes réconfortantes dans lesquelles certaines personnes se sont installées. Elles sont de diverses natures. C'est tout d'abord le réflexe naturel qui consiste à dire : « On ne l'a jamais fait jusqu'ici, pourquoi commencer ? »

Pourquoi, en effet, faire l'effort de prendre en charge ce qui, auparavant, était passé sous silence ? Je comprends parfaitement que des professionnels qui s'estiment débordés par les affaires courantes n'envisagent pas avec grand enthousiasme la perspective d'assumer cette charge de travail supplémentaire. Et quelle charge de travail !

Voilà ma journée d'hier, bien dense, qui illustre le quotidien type pour Les 4 Pattounes. Je vous assure que ce qui suit est authentique.

Le matin, nous avons reçu un signalement au sujet d'un chaton apeuré, coincé dans le moteur d'un véhicule depuis plus de quarante-huit heures. Plus tard, un vieil épagneul breton de douze ans, perdu en pleine campagne et souffrant d'une tumeur invasive au stade avancé qui lui déforme la tête. Peu après, trois chiots beaucerons tout juste sevrés qu'une jeune SDF vendait à la sauvette à de parfaits inconnus sur le parvis de la gare Matabiau à Toulouse. L'après-midi ne nous a pas épargnés non plus : nous avons été alertés de la récidive d'un syndrome de Noé (voir pages 112 et 143), sous couvert d'un élevage de chats bengals dont certains étaient en très piteux état. En fin de journée, huit équidés dénutris ont pu être saisis à une multirécidiviste à qui nous avions déjà retiré un vieux malinois et une jument abîmée…

À ces cinq affaires nous consacrons le même temps infini, soustrait à nos agendas, pour passer les dizaines de coups de fil nécessaires afin de motiver, accompagner et coordonner les équipes engagées. Il en faut de la détermination, croyez-moi ! Alors je suis d'accord, cela demande plus d'énergie que celle qui était réclamée avant, mais c'est ainsi que les sociétés évoluent et nous devons sans cesse nous adapter à l'émergence de nouvelles problématiques.

Le deuxième argument plaidant pour une forme d'immobilisme est l'argument du « si maintenant… » Il consiste à dire : « On nous réclame d'être sur tous les fronts alors que l'on ne s'en sort déjà pas pour les humains, *si maintenant* il faut prêter attention aux animaux, on ne va jamais y arriver. » Cet argument porte l'idée que ce nouveau combat va disperser encore plus leurs efforts. « On ne peut pas être partout à la fois », entend-on. Une priorité en cache une autre, et vient faire grossir un épais mille-feuille où tout est urgent et important.

Et par un mécanisme de retournement un peu retors, ces personnes peuvent aller jusqu'à défendre l'idée que se pencher sur le sort des animaux reviendrait à *affaiblir* la défense des êtres humains. Il ne s'agit plus ici d'une question d'emploi du temps trop chargé mais d'une idée un peu étrange, selon laquelle les causes qui nous engagent fonctionneraient les unes avec les autres à la manière de vases communicants. Tout ce qui remplirait le vase « animaux » serait, dans cette optique, voué à vider le vase « humains ». Ce qui conduirait, de fait, à amoindrir l'attention que nous devrions consacrer à la dignité particulière qui serait celle des humains.

Ce point de vue me paraît difficile à défendre. Accorder une plus grande vigilance, par exemple, aux violences homophobes ou grossophobes revient-il à devenir laxiste face aux violences racistes ? S'engager davantage pour condamner les violences sexuelles sur mineurs qui ont cours dans les familles se traduit-il par un désintérêt accru pour les mauvais traitements infligés aux personnes âgées dans les Ehpad ? Je ne le pense pas, je pense même que c'est absolument le contraire : tout ce qui contribue à réduire les violences, quelles qu'elles soient et quelles qu'en soient les victimes, contribue à la poursuite d'un même objectif, faire progresser la civilisation. Les causes ne s'annulent pas les unes les autres, elles s'additionnent et même s'allient entre elles. La violence étant, à mes yeux, un moyen de communication dysfonctionnant intrinsèque à l'auteur, quelle que soit la victime.

Les chiffres

La réalité, c'est que les forces de l'ordre – gendarmes et policiers – ou les policiers municipaux et les pompiers n'interviennent encore que trop rarement, faute parfois d'être saisis, à la suite des signalements pour constater ces maltraitances et y mettre fin. La part de cet engagement représente à peine 0,8 % de leurs activités respectives[1]. Selon les chiffres officiels, le nombre d'infractions sur les animaux enregistrées en France est passé de 9 200 à 12 000 entre 2016 et 2021 – soit une augmentation globale de 30 %, ou de 5 % en moyenne par année. Faire des suppositions sur les causes de cette augmentation est risqué. D'abord, il y a eu la crise du Covid, qui explique que les abandons aient bondi de + 93 % en cinq ans, touchant particulièrement, de l'avis des associations de protection animale, les nouveaux animaux de compagnie (hamsters, chinchillas, furets ou encore primates ou reptiles).

Plus globalement, cela ne veut pas forcément dire qu'il y en ait davantage. L'explication peut aussi trouver sa source dans de meilleures prise en compte et verbalisation par les forces de

1. « Les atteintes envers les animaux domestiques enregistrées par la police et la gendarmerie depuis 2016 », Interstats 51, octobre 2022 (https://mobile.interieur.gouv.fr/Interstats/Actualites/Les-atteintes-envers-les-animaux-domestiques-enregistrees-par-la-police-et-la-gendarmerie-depuis-2016-Interstats-Analyse-N-51).

l'ordre. C'est un effet statistique que connaissent tous ceux qui s'intéressent, par exemple, aux violences perpétrées contre les femmes : parce que le sujet a pris une place grandissante au sein de l'opinion, le nombre d'infractions signalées ont augmenté. Comme ce qui était passé sous silence se trouve soudain dénoncé au grand jour ; ce qui motivait peu les forces de l'ordre devient un sujet « important », et ce qui donnait rarement lieu à des plaintes en génère beaucoup plus.

Par ailleurs, il faut savoir que la France se trouve sur le podium des pays d'Europe, après l'Allemagne, du plus grand nombre d'animaux de compagnie (avec un chiffre fluctuant de 62 à 75 millions, selon les sources). Pour bien estimer les besoins, il faudrait déjà que nous soyons capables de référencer l'ensemble des animaux identifiés, d'y soustraire ceux qui sont décédés et d'ajouter à ce chiffre l'immense masse nébuleuse des portées non désirées et/ou non identifiées. Cela fait beaucoup d'inconnues pour une seule équation !

Il se trouve aussi que de nombreuses situations de maltraitance se règlent encore *à l'amiable*. Je veux dire que les associations mettent un « coup de pression » au propriétaire défaillant pour récupérer l'animal victime et le replacent dans un autre foyer, sans se soucier des statistiques.

J'ai parlé des forces de l'ordre, mais il y a également la question des magistrats chargés de traiter ces affaires. Les sceptiques, voire hostiles, sont faciles à reconnaître : ils scrutent le moindre faux pas juridique des 4 Pattounes… en vain. Pourquoi ? Comme toujours sûrement pour certains, c'est la crainte qu'une charge de travail supplémentaire ne vienne alourdir un quotidien déjà tendu. Il est vrai que le nombre exorbitant de plaintes déposées dans tous les domaines peut même pousser les parquetiers, autrement dit la magistrature debout, à se rendre au sein des commissariats dans le but de procéder à des classements sans suite. On appelle cela des « classements sur site ».

Mais il y a aussi une question d'implication personnelle du magistrat en charge du dossier. Est-il sensible, ou non, à la cause animale ? Estime-t-il que les violences doivent être partout traquées et punies avec la même célérité, ou bien a-t-il d'autres priorités en tête ? La sanction prononcée à l'encontre de l'auteur dépendra souvent de cet engagement. Depuis que j'ai commencé à lutter en faveur des animaux, j'ai eu le bonheur de croiser la route de bien des professionnels incroyablement impliqués, qui montraient une « fibre » sensible à cette cause. Je pense, notamment, à Christophe Amunzateguy, procureur de la République de Saint-Gaudens, ou encore à Franck Rastoul, l'ancien procureur général de la cour d'appel de Toulouse. Tous deux ont permis une impulsion positive de la prise en compte juridique de ce fléau, jusqu'ici impuni. La création du pôle Environnement et maltraitance animale local, ou bien encore la cellule de lutte contre la maltraitance animale du parquet général d'Aix-en-Provence ont permis l'engagement des magistrats sur le sujet et encouragé les remontées des associations de terrain.

Mais quand ces personnes partent à la retraite ou sont mutées, l'engagement varie en fonction de la motivation de leurs successeurs. Cela paraît terrible quand on y pense, non ? De se dire que, quand l'enthousiasme personnel n'y est pas, les choses n'avancent plus aussi bien. Je ne crois pas énoncer une énormité en écrivant que, dans une république, la loi devrait être partout appliquée avec la même exigence. Imagine-t-on un procureur de la République dire : « La lutte contre le terrorisme a son importance, mais personnellement, ce n'est pas ma priorité » ? Évidemment non ! Je ne peux me résoudre à l'idée que protéger les animaux domestiques des violences ait encore besoin de « faire son chemin » auprès de professionnels.

Luna

L'histoire douloureuse de Luna me revient à l'esprit. Ce petit sac d'os, qui ne se levait même plus tant elle était affaiblie. Luna illustre, à elle seule, la parfaite impunité dont je parlais. Aujourd'hui, c'est une jolie chienne au poitrail blanc, musclée et droite sur ses pattes, au poil bleu court et brillant, aux yeux malicieux, qui croque la vie. Mais elle revient de loin : sa maigreur était telle que je pouvais compter ses côtes et ses vertèbres. Son regard portait la douleur de l'instant, elle était exténuée, dénutrie. Abandonnée, elle avait dix-huit mois quand, à Noël de l'année 2021, elle fut confisquée à son bourreau.

Un an et demi plus tard vint l'heure du jugement. L'âge et le poids de Luna avaient doublé et nous espérions très fort que justice puisse être rendue. Quelle a été notre déception – et même notre amertume – d'apprendre que le dossier Luna était classé sans suite, la magistrate estimant que l'infraction n'avait plus cours. En effet, depuis dix mois Luna était choyée dans une famille d'accueil, mais l'infraction avait bel et bien existé !

Que serait une justice qui suspendrait son action dès lors que les faits proscrits ne sont plus en cours ? Aucun agresseur, aucun violeur, aucun cambrioleur ne serait plus condamné ! Sans doute la magistrate a-t-elle estimé qu'un chien est une créature dépourvue de mémoire, qui oublie instantanément ses traumas dès lors que son bourreau est tenu éloigné d'elle.

Il suffit d'observer attentivement les chiens pour être convaincu que, comme tous les animaux, ils conservent des souvenirs d'épisodes agréables et désagréables. Le traumatisme de Luna était évidemment indélébile, comme il l'est chez les personnes meurtries qui ont subi des violences et tentent, vaille que vaille, de poursuivre leur chemin de vie. La résilience des animaux est certes extraordinaire, j'ai eu bien souvent l'occasion de le constater et de le souligner, mais elle n'efface aucunement le délit !

La mauvaise volonté de quelques policiers et magistrats m'a-t-elle découragée ? Je l'écris ici avec humilité : jamais. Plusieurs années après la création des 4 Pattounes, alors même que nous bénéficiions déjà d'une petite médiatisation et que je venais d'être interviewée au 20 heures de TF1, ma meilleure amie, Bénédicte, qui connaît tout de ma vie depuis trois décennies, m'a avoué : « Franchement, quand tu as lancé ton association, je n'aurais pas misé un euro dessus ! »

C'est vrai que, sur le papier, rien n'était gagné. Pourtant, pas une seconde je n'ai douté de la justesse de ce combat. Pas une fois je ne me suis dit que les sceptiques avaient peut-être raison, qu'il était possible que je m'emballe pour une cause qui n'en valait pas la peine. Pourquoi cette certitude ancrée en moi ? Sans doute parce que je suis d'une nature résiliente, très positive, et que je n'ai écouté que ma petite voix intérieure, qui me disait que je me dirigeais dans la bonne direction.

Mais surtout, moi je connais *leur regard*. Je parle du regard des animaux que nous avons extirpés de situations parfois désespérées. Croyez-moi, il vaut toutes les récompenses du monde.

6

Contre l'impunité

Assez rapidement, les nombreuses et diverses sollicitations orientées vers notre association Les 4 Pattounes nous ont imposé de plus en plus d'investissement. Alors même que les invitations provenaient de certains commissaires, officiers de gendarmerie ou parquetiers, nous œuvrions toujours bénévolement – c'est encore le cas aujourd'hui – et c'étaient les fonds de l'association et la générosité de notre team pro qui nous permettaient d'assurer les formations. En ce qui me concerne, je posais et pose toujours systématiquement un congé pour aller former mes collègues des forces de l'ordre, où qu'ils se trouvent. Je n'ai jamais, jamais hésité, car je connais trop leurs besoins sur le terrain. Si nous voulons aider les animaux, il faut former et sensibiliser le plus grand nombre de maillons qui participent à la réponse pénale. Je suis convaincue que nos formations sont un réel levier pour la prise en compte des signalements de maltraitances animales. Et l'expérience nous a donné raison.

Par exemple, on pourrait penser qu'il est évident pour un policier ou un gendarme de repérer un cas de violence ou de maltraitance, et ainsi de rassembler des preuves pour étayer le dossier et inculper l'auteur des faits. Mais ce n'est pas toujours le cas. Il n'est pas si simple de repérer les signes de maltraitance sur les animaux : leur peau ne marque pas, impossible de voir des bleus sur le corps tacheté d'une minette ou celui d'un loulou couleur chocolat, qu'il soit noir, noisette ou même blanc. Seule l'autopsie révélera formellement ces hématomes ou d'éventuelles fractures, mais alors il sera trop tard.

Autre remarque que je me suis faite à mes débuts : les animaux sont des *warriors* ! J'étais impressionnée par leur résilience, leur résistance à la douleur et leur capacité à courir sur trois pattes quand la quatrième était blessée. J'ai en mémoire un signalement qui illustre à lui seul mes propos. Par une journée ensoleillée de printemps, au cœur du Comminges, fief du procureur de la République qui soutient fidèlement nos actions en faveur des animaux, un appel du 17 arrive au standard du commissariat local. Résumé du signalement : un marginal tabasse son chien avec une violence extrême, à grands coups de pied et de poing à même le sol, sur la place principale de Saint-Gaudens. L'homme vocifère et se déchaîne sur l'animal, il va finir par le tuer.

Un équipage arrive sur place quelques minutes plus tard. Il prend immédiatement contact avec un individu qui correspond à la description de l'auteur des faits, toujours présent sur les lieux mais qui, entre-temps, semble s'être calmé. Un chien se trouve bien à ses côtés, une chienne plus précisément, une super louloute tout à fait en forme, identifiée comme étant de type « X berger » (comme le veut la coutume quand le croisement ne permet pas de déterminer précisément la race). Sa corpulence est moyenne. Pas timide du tout, elle danse et fait la fête aux membres de l'équipage intervenant, qui sont déstabilisés de la voir se comporter ainsi. Eux qui s'attendaient à ramasser un sac d'os brisés, les voilà en présence d'un chien apparemment indemne et manifestement joyeux. Son corps ne présente aucune trace de bleus ni de sévices. À ce moment, un policier a la bonne idée d'interroger de possibles témoins de la scène. Il s'approche de trois jeunes assis sur le banc en face et les adolescents dégainent la vidéo réalisée quelques minutes avant. On y voit les scènes de violence qui correspondent au signalement. Tout semble alors irréel : le comportement du propriétaire défaillant et, davantage encore, celui de la chienne passant du knock-out sur un ring de boxe à la première marche du podium « Danse avec les stars »…

Grâce à cette preuve, la procédure a pu s'appliquer : la chienne a été confisquée, une ordonnance de placement a été prise pour la mettre en sécurité. L'histoire finit bien, mais il s'en est fallu de peu. Combien de fois me suis-je dit, en regardant un animal sur lequel plane un doute de maltraitance : « Si seulement tu pouvais parler et nous raconter ton quotidien, toi… » On ne le saura jamais pour certains d'entre eux, et cela me désole. Refermer sereinement la porte, prendre le risque de passer outre et de laisser la victime à son bourreau, en pensant que tout va bien.

Avec l'expérience, quand cela reste possible, on examine des parties du corps auxquelles on ne pensait pas spontanément. Par exemple les dents, qui peuvent être endommagées, ou les coussinets sous les pattes qui – si incroyable et barbare que cela semble – peuvent être brûlés. L'examen vétérinaire est également très précieux, car il permet notamment d'objectiver le poids attendu selon la race et l'âge de l'animal. L'expertise vétérinaire versée au dossier confirmera ou infirmera les suspicions, quand il y en a. Car ce n'est pas toujours si simple. En effet, *a contrario*, certains chiens non sevrés et mal sociabilisés dans leur jeune âge peuvent montrer des signes de terreur au moindre geste brusque. Naturellement, mieux vaut se déplacer pour rien que de passer à côté du pire.

Notez aussi que, parfois, les signes de maltraitance sont très clairs, mais que ce sont les témoins qui se montrent défaillants dans le signalement. Je me souviens d'une jeune femme qui a contacté deux associations, dont la nôtre, pour dénoncer un adolescent identifié et localisé, qui se filmait en train de donner des coups de pied au pinscher de ses beaux-parents. Les vidéos sont atroces : on y voit le petit chien souffrir et hurler de plus en plus fort de douleur. Ce spectacle, l'auteur des faits a pris plaisir à le partager avec son groupe d'amis. Pourtant, à aucun moment la plaignante n'a eu l'idée de faire le 17 pour faire cesser les maltraitances. C'est dommage.

Il y a pire : je pense à ces riverains qui, dans la maison ou l'appartement d'à côté, entendent de grands coups suivis de gémissements de chats ou de chiens, mais qui se murent dans le silence. Ils voient des maîtres promener des chiens maigres, boiteux et couverts de cicatrices, des animaux dont l'aspect pathétique peut les émouvoir mais dont ils ne pensent pas à dénoncer la situation. Pourquoi ? À cause d'un grand nombre de stéréotypes qui leur encombrent l'esprit et qui ont la vie dure.

Chasser les idées reçues

Le premier d'entre eux, c'est que « le propriétaire est maître chez lui ». Et, par conséquent, que les traitements qu'il inflige à son animal relèvent de sa « sphère privée ». Les policiers qui interviennent chez des gens dysfonctionnels entendent d'ailleurs souvent cette ritournelle dans la bouche des suspects : « C'est mon chien, donc je fais ce que je veux. » Eh bien non ! Il est essentiel de rappeler que c'est faux, et même archi-faux. Ce sentiment d'impunité est infondé, car heureusement le législateur n'arrête pas son action à la porte des habitations. Et, de même qu'on ne peut pas faire n'importe quoi avec son conjoint ou ses enfants, il serait absurde que la loi française laisse les propriétaires agir comme bon leur semble avec leurs animaux de compagnie.

Parce que oui, contrairement à ce que pensent de nombreuses personnes, qui me disent : « Il faudrait créer des lois pour protéger les animaux et punir ce genre de tortionnaires » – encore un stéréotype ! –, les lois existent. On peut même parler d'un arsenal législatif, assorti d'une collection de sanctions dissuasives – je reviendrai sur ce point.

Parfois, il faut bien le dire, il existe aussi un problème de signalement dont on ne sait pas trop qui est responsable. Je me souviens par exemple de Narcos et de tous les détails qui l'ont amenée à nous. Narcos est une femelle staffordshire terrier, au poil court de couleur bleu et blanc. Elle était âgée de sept ans quand son propriétaire, un habitant d'une cité HLM de Toulouse, l'a abandonnée en plein hiver sur son balcon.

L'homme, recherché par la police pour trafic de stupéfiants, avait en effet quitté son appartement dans la précipitation et laissé son animal seul, sans eau ni nourriture. Depuis le mois de novembre jusqu'à la fin janvier, Narcos est restée là-haut, coincée dans sa prison du premier étage. Elle a connu les jours et les nuits interminables et glaciales de l'hiver, la pluie, la solitude, extrêmement éprouvante pour un animal aussi sociable que le chien, mais aussi, plus prosaïquement, la soif, la faim… Heureusement, il a plu et neigé tout l'hiver, et l'eau tombée du ciel a dû emplir des récipients qui traînaient là. Narcos a pu boire, et elle a eu l'instinct providentiel d'aboyer pour alerter les voisins de sa détresse. De temps à autre, une voisine, charitable ou exaspérée, lui jetait alors quelques croquettes depuis son balcon, pour la faire taire. Narcos avait compris que si elle voulait survivre, elle devait se manifester. Cela me serre le cœur, rien que de l'évoquer.

Pourquoi a-t-il fallu deux longs mois pour qu'un staff squelettique livré à lui-même sur un balcon, capable d'enquiquiner tout le voisinage avec ses aboiements désespérés, déclenche enfin une intervention ? Les informations portées à ma connaissance et les témoignages qui ont suivi ne sont pas très clairs. Mais justement, il faut comprendre que cette confusion explique que de nombreux signalements n'aboutissent, dans les faits, à rien du tout et que, *in fine*, l'impunité persiste parfois pour les bourreaux.

Il semblerait qu'une voisine ait dûment signalé le cas de Narcos à la police, mais que personne ne se soit rendu à l'appartement. Plusieurs raisons sont possibles pour expliquer cette inaction : peut-être cette dame n'a-t-elle pas fait un signalement suffisamment étayé, précis et alarmant pour avoir une chance de déclencher l'envoi d'un équipage de policiers. Si elle a dit : « Le chien de mon voisin aboie beaucoup, car le monsieur n'est pas chez lui », le policier a pu comprendre qu'il s'agissait de « nuisances sonores du voisinage », sans imaginer que ce puisse être plus grave. On peut aussi supposer qu'il y avait d'autres priorités au moment de l'appel, qui ont empêché l'intervention pourtant programmée.

Reste en tout cas qu'après deux mois de calvaire du pauvre animal, un policier ayant enfin reçu l'information a conseillé à la plaignante d'entrer en contact avec notre association. Si paradoxale que puisse paraître la démarche, elle peut trouver son explication dans la convention qui nous lie au commissariat, ou bien dans le manque de connaissance en la matière de l'interlocuteur. Peu importe, l'essentiel était le sort de Narcos.

Je me souviens parfaitement du moment où ce message s'est affiché sur mon téléphone : la dame, après avoir décrit la situation et le calvaire enduré par la chienne, précisait ne pas savoir si elle vivait encore. J'en ai eu des frissons dans le dos. J'ai immédiatement contacté une amie officier chez les pompiers, et j'ai rappelé la salle de commandement du commissariat central pour insister sur la gravité des faits et l'urgence vitale à intervenir. Les minutes me semblaient soudain interminables. Une heure plus tard les pompiers étaient sur place, la grande échelle était déployée jusqu'au premier étage. Hélas, après que le pompier eut aperçu sur le balcon la maigre silhouette de Narcos gisant au milieu de ses excréments et qui ne répondait pas aux appels, il nous annonça qu'elle était morte. Je ne voulais pas y croire, je voulais qu'il la secoue, qu'il la secoure. Impossible pour moi de me résoudre à l'idée qu'elle était morte ainsi, seule dans le froid et le silence. Il fallait qu'elle vive, je voulais qu'elle vive.

J'ai pris mon visage entre mes mains, désespérée. Mais je les ai encouragés à ne pas baisser les bras. « On continue ! On continue ! » Il fallait qu'un pompier aille la stimuler, secouer, pour être bien certain qu'il ne restait pas en elle une parcelle de vie. Le pompier s'exécuta et je ne sais par quel miracle exactement mais Narcos bougea. J'en étais tellement heureuse ! Après deux mois d'attente et d'atermoiements, cette pauvre louloute avait été secourue en moins de deux heures.

Nous avons immédiatement porté plainte et l'officier de police du groupe d'appui judiciaire a pris attache avec le parquet pour obtenir une ordonnance de placement au sein de notre association, plus précisément chez l'une de nos merveilleuses familles d'accueil. Mais avant cela, elle fut conduite en urgence chez le vétérinaire et placée sous perfusion. Les professionnels de santé identifièrent sur son corps de nombreuses traces de sévices, une cachexie extrême et une surdité totale – ce qui explique sans doute qu'on l'ait crue morte, car elle ne répondait pas aux appels. Son estomac éprouvé par la faim avait énormément rétréci, et avaler une ration normale lui aurait à coup sûr fait plus de mal que de bien. Il a donc fallu être patient.

C'était un crève-cœur que de l'observer en permanence renifler pour chercher la moindre nourriture, traumatisée par les privations. Lors de notre deuxième rencontre, je lui apportai une petite boîte métallique de pâtée pour chien. À peine ôtai-je l'opercule que Narcos se jeta sur la nourriture et l'engloutit d'une seule bouchée… boîte en métal comprise ! La panique s'est emparée de moi et, sans réfléchir, j'ai plongé la main au fond de sa gueule pour en retirer l'objet. L'histoire finit bien, heureusement.

L'« affaire » Narcos n'est pas terminée

Aujourd'hui, Narcos a été rebaptisée Nala. Sa vie s'est transformée en un conte de fées, elle vit ses plus beaux jours près de Sandrine, la vice-présidente de notre association, qui est, je l'ai dit, éducatrice canine. Nous avons un album photos complet de Nala gambadant joyeusement dans les champs, sur la plage ou encore sur les dunes de sable chaud, elle qui, de sa vie, n'avait rien connu d'autre qu'un petit appartement sans amour, et un balcon où elle avait failli rendre l'âme.

Mais l'« affaire Narcos » n'est pas terminée : car l'auteur des faits avait quitté la métropole pour l'outre-mer. On connaît les interminables délais pour traiter ce genre d'affaires. Nala ne peut donc toujours pas être définitivement adoptée. C'est interminable, et ce cas n'est pas isolé : de nombreuses victimes attendent des années, dans les refuges, la décision définitive. Il est urgent de se pencher sur cette problématique : un être vivant ne peut pas être une variable d'ajustement que l'on fait lanterner un dixième de sa vie dans le box d'un refuge.

D'une manière plus générale, je regrette que, contrairement aux infractions routières ou à la lutte contre les stupéfiants, il n'existe pas de campagnes de prévention conçues par le ministère de l'Intérieur pour informer, donner des chiffres et encourager une prise de conscience collective. Je veux parler d'une campagne qui passerait par des spots à la télévision et sur les réseaux, des brochures, des affiches dans les lieux publics, des interventions auprès des plus jeunes, etc. Aujourd'hui, le volet de la prévention est largement laissé à l'initiative des associations qui, comme on le sait, n'ont pas de moyens, tandis que le volet de la répression est encore très fragile.

Le combat contre la maltraitance en France pourrait se résumer par l'équation suivante : trop peu d'infractions signalées par les citoyens + trop peu d'effectifs formés et d'équipages disponibles pour intervenir efficacement + trop peu de contraventions dressées par les forces de l'ordre + trop d'affaires non traitées ou classées sans suite par la justice. Vous l'imaginez, cela donne un résultat inévitable : les condamnations pénales sont trop rares. Et l'impunité, même si elle recule, se maintient à des niveaux intolérables.

7

Un monde sans abandon est possible

Je repense souvent à Many. Cette chienne beauceronne de deux ans a été tuée à petit feu sous le soleil brûlant d'un mois d'août toulousain. Elle était attachée court, à deux pas d'un refuge où, hélas, elle n'aura jamais le bonheur de goûter un peu de repos. Many est morte dans le silence : abandonnée, il lui était impossible d'aboyer pour donner l'alerte, car elle était muselée. Condamnée à mourir.

Pourquoi se trouvait-elle attachée ainsi, si près d'un refuge ? Parce que sa propriétaire, dépassée par sa situation personnelle, avait fait plusieurs fois appel à des refuges pour une prise en charge de l'animal. Ces derniers étant saturés, Many était sur l'une de ces interminables listes d'attente. Sa propriétaire a donc demandé à son père d'aller attacher la chienne près d'un lieu où elle pourrait être recueillie. La situation a tourné au cauchemar. Many, comme tant de victimes qui meurent dans le silence, illustre ce que la loi appelle l'abandon mortel. Sa propriétaire a écopé de six mois de prison avec sursis et de cinq cents euros de dommages et intérêts pour notre association.

Cela ne fera pas revenir Many, mais a le mérite de ne pas passer le drame sous silence.

Les associations estiment que, chaque année, quelque 100 000 animaux domestiques sont abandonnés dans notre pays, principalement (dans 60 % des cas) durant la période estivale. Cela représente concrètement la fréquence à peine croyable de *onze animaux abandonnés chaque heure* en moyenne tout au long de l'année !

Ce chiffre de 100 000 peut sembler abstrait et mérite un éclairage : il importe à mon sens de distinguer les abandons judiciaires, lors desquels le propriétaire a réellement l'intention de faire souffrir l'animal, de l'abandon à contrecœur où l'on prend soin d'amener l'animal dans un refuge avant de rejoindre une maison de retraire contraint et forcé, ou un foyer pour femmes battues qui n'accepte pas non plus les animaux.

Malgré tout, ce chiffre donne le vertige, non ? Surtout quand on prend soin de mettre en parallèle ce chiffre avec celui des auteurs interpellés et condamnés, estimé à 5 % des maltraitances répertoriées par le ministère de l'Intérieur.

La première des causes est à la fois très simple et difficile à contrer : il n'est pas facile d'accueillir un chat ou un chien chez soi, *a fortiori* quand cet animal a vécu précédemment des choses compliquées.

Je peux en témoigner avec mon Hancock adoré : l'avoir recueilli a changé ma vie, et j'en suis très heureuse. Mais pour être honnête, il ne l'a pas *facilitée*, loin de là ! Je l'ai déjà raconté, il a fallu me montrer extrêmement patiente et laisser passer plusieurs mois avant de pouvoir lui porter, et avec quelles précautions, la première caresse, avant de nouer les premiers vrais contacts visuels, bref avant d'instaurer un lien de tendresse entre nous. Je me trouvais face à un grand traumatisé.

Et puis Hancock souffrait d'un dérangement intestinal, au point que nous suspections une maladie de Crohn, finalement écartée. Il y a eu des jours vraiment compliqués, avec des allers-retours chez le vétérinaire… et les frais qui les ont accompagnés. Ce sont des éléments qu'il ne faut pas négliger lorsqu'on adopte un chat ou un chien : vous n'avez aucune garantie qu'ils resteront durablement en bonne santé, ni de ce que cela vous coûtera si ce n'est plus le cas, dans un circuit vétérinaire où, rappelons-le, il n'existe pas de système de sécurité sociale, ni de remboursement ni d'assurance.

L'arrivée de Hancock m'a aussi donné des obligations « ordinaires » auxquelles j'étais un peu préparée, et que je conseille de bien anticiper pour ne pas regretter son geste : se lever (relativement) tôt tous les matins pour le sortir et remettre ça le soir, qu'il pleuve, neige, vente – parfois, cela revient à se priver d'un week-end ou de vacances, parce qu'il est trop difficile de l'emmener, que personne n'est disponible pour le garder et que le laisser trop longtemps seul à la maison n'est pas possible…

Être propriétaire d'un animal réclame un engagement que ne mesurent pas toujours les gens. Je reconnais que la tentation est grande de craquer au Salon du chiot ou celui du chat, devant ces petites frimousses de peluche, que l'on trouvait aussi jusqu'au 1er janvier 2024 dans des animaleries ; heureusement, l'arrêté d'application de la loi de 2021 a désormais interdit en France la vente de chats, chiens, lapins et furets, pour lutter contre les achats impulsifs.

Car ils savent bien y faire en effet ! Ces chatons et ces chiots sont « experts en câlins », « pro des léchouilles », « sur le podium au conservatoire musical du ronronnement » ou bien encore « ramasseurs de balles hors pair à Roland-Garros ». Naturellement, les gens qui ne réfléchissent pas assez, souvent poussés par leurs enfants, cèdent et adoptent des animaux tout mignons.

Mais vient rapidement le retour à la réalité : outre les efforts quotidiens que j'ai déjà mentionnés – et ce pour les quinze prochaines années... –, un chat, un chien peut se blesser ou être malade. Et la loi prévoit que les propriétaires ont l'*obligation* de le faire soigner, dans la mesure de leurs moyens financiers. Obligation est faite aussi de lui proposer une nourriture adaptée à son espèce et en quantité suffisante, mais également un abri qui lui permette de se protéger tout au long de l'année, en toute saison. Prenez, par exemple, l'article L214-1 du Code rural et de la pêche[1]. Il dispose que « Tout animal étant un être sensible doit être placé par son propriétaire dans des conditions compatibles avec les impératifs biologiques de son espèce ».

Vous vous demandez peut-être à quel genre d'environnements ce texte fait référence ? Pour avoir vu tant de chiens en détresse dans des caves sans fenêtre ou des coffres de voiture sans aération, parfois même les deux, je puis vous affirmer que le bon sens n'est pas toujours de mise quant au respect des fameux « impératifs biologiques »...

La loi a pourtant prévu ces mauvaises conditions de vie : il existe une contravention qui réprime de 750 euros d'amende quiconque « placerait ou maintiendrait un animal domestique ou sauvage dans un habitat, environnement ou installation pouvant être cause de souffrance, blessure ou accident ».

Ce bon sens n'est pas non plus l'apanage des professionnels. Je me revois avancer dans ce garage résidentiel souterrain, au

1. Cet article a inspiré son nom à l'association L214 qui lutte pour améliorer les conditions de vie des animaux d'élevage, ainsi que leur traitement dans les abattoirs.

nord de Toulouse. La chaleur de l'été était étouffante en ce mois d'août naissant, le signalement reçu ne laissait aucun doute quant à la localisation du véhicule où agonisait cette jeune malinoise gestante qui vivait enfermée dans une cage de transport entreposée dans un véhicule appartenant à un agent de sécurité privé, inconscient pour le moins… Quel scandale que ce manque d'empathie devant cette future maman, qui arrivait au terme de sa grossesse et ne pouvait même pas se tourner dans ce sauna ! Comme souvent quand nous nous déplaçons, la fin de l'histoire est heureuse et semblable aux contes de fées : « La louloute fut sauvée et eut beaucoup d'enfants. »

Multiples galères

Il faut le répéter, posséder un chat ou un chien change la vie. Unis à eux pour le meilleur comme pour le pire, nous pouvons être confrontés à un véritable casse-tête au moment des vacances. Combien de familles, heureuses d'avoir adopté un chat ou un chien en cours d'année mais n'ayant pas suffisamment anticipé les problèmes que cela poserait au moment de l'été, se retrouvent au mois de juin ou juillet prises au dépourvu, ne trouvant aucune pension pour garder l'animal ni aucun établissement touristique qui consente à l'accueillir, ou alors à des tarifs exorbitants ?

C'est souvent dans ce contexte dégradé que naissent des solutions précaires susceptibles de mettre l'animal en grande détresse – un voisin ou une ex qui *devrait* passer au domicile pour nourrir l'animal, mais sans grande certitude ; un gros sac de croquettes vidé à même le sol, qui *devrait* nourrir l'animal une semaine… – mais qui tourneront tout autrement en réalité : le piège se referme doucement sur l'animal qui encourt un grand danger. Naturellement, ces pseudo-alternatives ne sont ni fiables ni sécures pour l'animal.

Cependant, inciter les gens à culpabiliser n'a jamais changé durablement les choses, les horribles photos placées sur les paquets de cigarettes en témoignent : elles n'ont eu au final que très peu d'impact sur la consommation de tabac. Mieux vaut donc ouvrir le champ des possibles pour espérer une amélioration.

C'est exactement à quoi réfléchissent Les 4 Pattounes depuis quelques années : lutter contre l'abandon en proposant des solutions sympa plutôt que des sermons infructueux ! L'objectif est d'inviter les propriétaires à partir en vacances avec leurs animaux chaque fois que cela est possible, et nous sommes là pour leur faciliter la tâche. Au-delà des moments de partage et de complicité privilégiée avec les propriétaires, la sécurité de leur animal est assurée… C'est un pas de plus contre l'abandon.

Certains acteurs sont proactifs, comme plusieurs maires de communes jouxtant la mer, qui ouvrent les plages aux chiens sur certains créneaux, souvent en matinée. Je vous avoue que j'adore voir ces panneaux sur le littoral. Vous vous demanderez peut-être si ces lieux ne sont pas salis par les chiens qui y gambadent gaiement ? J'ai envie de vous répondre que je n'ai jamais surpris un chien en train d'enfouir son mégot dans le sable, ou de laisser derrière lui sa canette de Coca, ces déchets qui mettront des milliers d'années à disparaître.

C'est avec grande conviction aussi que nous travaillons avec des acteurs du tourisme, comme notre partenaire Airbnb, sur la valorisation des hôtes prêts à accueillir la famille entière, animaux compris. Ces hôtes sont dits *friendly*, amis des animaux. L'idéal serait que la politique d'accueil devienne la norme et non plus l'exception, dans la mesure où l'écrasante majorité des animaux domestiques est paisible, propre et ne constitue pas un dérangement, au contraire.

Je raconte souvent cette histoire dont j'ignore si elle est vraie, mais qui circule sur les réseaux sociaux. Un hôtelier reçoit une lettre de réservation qui lui demande si son établissement accepte les chiens. Il répond ce très joli message : « Monsieur, depuis vingt ans que je dirige cet hôtel, aucun chien ne m'a volé de cendrier, ni brûlé les draps avec une cigarette. Je n'ai jamais dû appeler la police pour un chien en état d'ivresse ou qui essayait de partir sans payer. C'est pourquoi, bien sûr, je reçois les chiens avec plaisir. » Et il ajoute en post-scriptum : « Si votre chien le désire, vous pouvez l'accompagner ! »

Ce message a de quoi faire sourire, parce qu'il en dit long sur la réalité de ce qui arrive dans les établissements hôteliers et est bien éloigné des clichés circulant à propos des chiens. En changeant les mentalités et nos habitudes, on pourrait atteindre deux objectifs : défendre le « confort » des propriétaires de chiens pendant leurs vacances et, surtout, lutter efficacement et durablement contre les abandons en France.

Par ailleurs, tous les abandons ne sont pas criminels (aucun d'ailleurs au sens strict, puisqu'il s'agit seulement d'un délit aux yeux de la loi française, au pire un délit aggravé s'il entraînait la mort). Un changement brutal de vie ou de situation, par exemple pour rejoindre un foyer de femmes battues ou encore un Ehpad, peut contraindre le propriétaire à se séparer de son animal sans l'avoir voulu ou plus rapidement que prévu. Nous sommes tous bien conscients qu'il s'agit ici d'une double peine, d'un non-choix souvent, pour assurer sa sécurité. S'il existe des lieux qui ont, davantage peut-être que tous les autres, besoin de petites créatures pleines d'affection, ce sont bien les Ehpad. Mais voilà l'aberrant : ces structures qui prennent en charge des centaines de milliers de personnes souvent fragiles, souffrant de solitude, refusent presque unanimement d'accueillir les chats et chiens de leurs patients, faute de pouvoir les gérer au quotidien. Là encore, c'est méconnaître cette réalité pourtant évidente : les animaux domestiques constituent une véritable famille – et parfois la seule famille – pour des personnes âgées isolées !

Il est déjà très difficile de quitter un logis, de renoncer à ses habitudes pour rejoindre ces établissements où l'on sera dépossédé de son autonomie et qu'on sait souvent impersonnels. Imaginez combien il est cruel d'ajouter à ces douleurs la perte définitive d'un être cher sur lequel on a veillé durant plusieurs années, et inversement. Le refus d'accueil des animaux génère un phénomène important d'abandons – juridiquement on parle plutôt de *cession*, autrement dit du fait de se résoudre, faute d'avoir trouvé un proche à qui confier son animal, à le placer dans un refuge.

Le mot « cession » ne doit pas faire illusion : il s'agit ni plus ni moins d'abandons, pratiqués par des personnes qui ne trouvent pas d'autre solution et qui, souvent, en éprouvent une terrible culpabilité. Je trouve absolument invraisemblable que cette question, pourtant loin d'être secondaire lorsqu'on évoque la qualité de vie du grand âge, ne fasse pas l'objet d'un véritable volontarisme de la part des établissements concernés. De surcroît, depuis quelques années maintenant, la loi a évolué et permet aux Ehpad d'accueillir les animaux des pensionnaires… encore faut-il que la structure soit adaptée.

L'expérience Rooster

Rooster est un adorable petit ratier dynamique qui a besoin de présence, de jeux et de câlins comme nombre de ses congénères. Il avait pris la fâcheuse habitude de fuguer pour s'occuper. Son propriétaire était très inquiet, craignant qu'il ait un accident ou en provoque un. Il avait donc envisagé toute une série de bonnes initiatives, dont une pet-sitter chargée de promener le loulou. En vain, dès qu'elle avait tourné le dos notre grand aventurier repartait de plus belle. Il refusait de rester seul dans son enclos, pourtant immense pour ce si petit chien qui faisait abondamment parler de lui dans le voisinage…

Aussi le propriétaire a-t-il accepté notre proposition : faire adopter le jeune Rooster par une soixantaine de personnes âgées qui ne rêvaient que de le caresser et de le voir gambader dans le parc verdoyant de leur maison de retraite, en plein cœur de la Ville rose. L'équation était parfaite et les premiers jours furent concluants. Rooster a vite trouvé sa place. Il allait visiter l'ensemble des pensionnaires, profitant au passage de nombreuses caresses et de délicieux biscuits qui tombaient des assiettes. Il était devenu la mascotte de la maison de retraite !

Cependant, l'expérience n'a pas pu être prolongée. Pour des raisons personnelles et culturelles, certains membres du personnel soignant avaient une peur irrationnelle des chiens. Nous avons dû nous résoudre à reprendre Rooster. Les pensionnaires étaient tristes de lui dire au revoir, ils l'avaient déjà adopté…

L'arrivée de notre Rooster aurait-elle mérité un travail de pédagogie un peu plus appuyé ? Sans doute. En tout cas, je reste convaincue que l'introduction de compagnons domestiques dans les Ehpad serait une grande avancée. De manière générale, je considère comme anormal que dans notre pays certaines personnes, en raison de tels freins, soient privées de la compagnie merveilleuse d'un animal. Si vous n'appréciez ni les chats ni les chiens, c'est votre droit de les ignorer autant que vous le souhaitez. Mais si vous les aimez, et que vous éprouvez le besoin de recevoir et donner de l'affection, de nouer ce contact si particulier qui est celui qui se crée avec un animal de compagnie – chacun étant différent, bien sûr –, il n'est pas juste que votre désir soit frustré, alors qu'il existe tant d'animaux esseulés et tristes, coincés dans des refuges.

Je ne peux que saluer le travail opéré par les dispensaires SPA qui proposent des soins animaliers aux propriétaires non imposables contre une contribution libre, à l'instar du maillage de vétérinaires ambulants mis en place par l'association Gamelles Pleines, œuvrant pour les propriétaires démunis, parfois marginalisés. Leur travail les aide à affronter, en cas d'urgence, les frais inattendus qu'un animal peut engendrer. Cela permet aussi de limiter les abandons/cessions, car trop de gens encore doivent se séparer de leur chat ou chien parce qu'ils ne peuvent tout simplement pas assumer le coût d'une intervention.

Il y a quelques années j'ai gardé Nalla, la chienne de William, mon compagnon. Au bout d'une semaine, elle a eu la très mauvaise idée de sauter par-dessus la rambarde de la terrasse, depuis le second étage, et de se déboîter le coude en atterrissant. Cela lui a coûté 3 000 euros ! Nous avions la chance d'avoir les moyens de payer cette somme exorbitante et imprévue. Mais ce n'est pas le cas de tout le monde. Je me souviens de l'exemple d'une dame qui avait des étoiles plein les yeux quand elle nous parlait de son vieux bouledogue. Par malchance, celui-ci a été renversé par une voiture. Il fallait l'opérer en urgence. Le vétérinaire s'est montré aussi compréhensif que possible, mais la blessure nécessitait une opération complexe, qui s'élevait à environ 2 500 euros. La mort dans l'âme, la dame a accepté… mais son banquier, lui, pas du tout ! Et voilà comment un abandon aurait fini par être considéré comme la seule issue possible, si cette dame n'avait pas reçu notre soutien.

Les 4 Pattounes ont pu lui avancer cette somme et mettre en place un remboursement échelonné. Mais combien de cas de conscience épouvantables sont-ils générés par des situations comme celle-là ? Il existe bien d'autres moyens qui permettraient de limiter les abandons en France. Le premier est d'aider les propriétaires désemparés face à un jeune chien trop « turbulent », trop aboyeur, agressif ou tout simplement fugueur comme l'était notre petit Rooster, et qui leur rend la vie impossible.

Vous vous demandez sûrement ce qu'est devenue notre petite mascotte Rooster ? Tout s'est bien fini pour lui : il a réintégré le nid familial, j'oserais dire pour le plus grand bonheur de son propriétaire qui y était attaché malgré tout. Nous l'avons redirigé vers un éducateur canin qui a fait des miracles. Aujourd'hui, Rooster a appris à rester seul et à ne plus aboyer ni fuguer.

Mais cette démarche louable peut comporter des difficultés. En effet, comment reconnaît-on un « bon » éducateur canin, comment s'y retrouver dans le foisonnement de propositions présentées par les membres de cette profession non réglementée, qui se contentent d'un certificat ou, mieux, d'une Attestation de connaissances pour les animaux de compagnie d'espèces domestiques (Acaced) ? Je n'ai pas de réponse à cette question, hélas. On pourrait croire que cette « attestation » représente une garantie de sérieux, mais non : elle ne nécessite parfois qu'une ou deux journées de cours en distanciel – derrière un écran d'ordinateur ! –, ce qui est évidemment très insuffisant pour poser ne serait-ce que les rudiments d'un métier aussi sérieux que celui d'éducateur canin. Croyez-moi, j'en ai croisé beaucoup, de ces « éducateurs » formés à la va-vite, qui me disent : « Ah, mais j'ai des chiens depuis que je suis tout petit », comme si cette expérience était un bagage suffisant…

Bien sûr, je ne dis pas que tous les éducateurs français sont dans ce cas. En réalité, beaucoup d'entre eux ont été solidement formés et exercent leur tâche avec un professionnalisme irréprochable. Mais comment les distinguer des profanes malintentionnés qui ne peuvent se prévaloir de rien d'autre qu'une Acaced et de pratiques coercitives, mettant parfois à mal l'animal sur le long terme ?

La « maladoption »

Ces professionnels de la filière, tout comme les éleveurs, auraient avantage à bien accompagner les futurs adoptants dans cette jolie aventure, les conseiller sur la race, sur ses fragilités éventuelles et ses caractéristiques, notamment ses besoins en terme d'espace et de dépense physique, pour que l'animal soit choisi idéalement en fonction du mode de vie de la famille qui va l'accueillir, afin d'éviter que la situation ne tourne au cauchemar. Les informer sur les étapes de son développement, leur indiquer aussi à quel point le sevrage est important, au-delà des huit semaines imposées par la loi qui correspond à l'autonomie : l'animal sait manger tout seul, mais il apprend et découvre ensuite de très nombreuses choses qui vont conditionner le reste de sa vie comme la propreté, l'apprentissage de la frustration ou de la solitude, la compatibilité avec ses congénères.

Une autre solution pour lutter contre les abandons serait de sensibiliser davantage les futurs adoptants sur les besoins à venir de leur compagnon. Il est en effet parfois difficile d'imaginer qu'un tout petit loulou de trois kilos, adepte des grandes siestes, deviendra un grand animal capable de remplir à lui seul la banquette arrière d'un véhicule, sera fan des grands espaces et… des franges du tapis ou de vos chaussures qui traînent !

Car oui, ils nous font craquer quand ils sont tout petits, avec leurs frimousses attendrissantes et leurs expressions rigolotes, mais en réalité ils s'apprêtent à changer littéralement notre vie, les jours comme les nuits parfois, quand ils s'improvisent chasseurs imaginaires. Il s'agirait donc d'expliquer davantage tout cela aux futurs propriétaires et de les accompagner au mieux dans cette nouvelle aventure.

Certains rêvent aussi d'adopter un chiot ou un chaton non sevré pour avoir la joie de leur donner le biberon, un peu comme dans les contes pour enfants. Sauf que la réalité biologique s'impose : un chiot ou un chaton doit rester avec sa maman toute la période du sevrage qui court jusqu'à ses huit semaines car, au-delà de l'autonomie alimentaire, cette dernière va lui apprendre tous les codes pour bien vivre en société et retomber sur ses quatre pattes à chaque occasion. Il a tellement de choses à apprendre : la propreté, les rencontres avec ses congénères et les autres animaux petits et grands, la gestion de la frustration, la solitude, l'ennui parfois… Tout cela conditionne son avenir, et le vôtre ! En deux mots, bien respecter toutes ces étapes vous épargne une future cohabitation avec un mini sociopathe.

Une séparation réussie d'avec la mère, qui se déroule dans de bonnes conditions, est pour l'animal un gage de bien-être et d'épanouissement, tout autant physique que psychologique. C'est d'ailleurs la raison pour laquelle, en France, la loi encadre l'âge à partir duquel la cession est possible. En effet, la vente des chatons et des chiens est interdite avant ses huit semaines. Hélas, des éleveurs peu scrupuleux, souvent non déclarés, ou encore des familles confrontées à une portée non désirée, vont chercher parfois à se défaire prématurément des rejetons. D'autres vont céder à l'impatience des futurs adoptants les plus pressés et leur proposer des « bébés », au mépris de la loi.

C'est un exemple de ce qu'on pourrait appeler la « maladoption », comme il existe la malbouffe. Outre le fait que ces animaux sont en souffrance, ils présentent davantage de risques d'être affectés, à l'âge adulte, non seulement par des problèmes de santé, mais aussi et surtout par des troubles du comportement. Un chiot séparé trop précocement de sa maman ne saura en effet pas bien contrôler sa force ni son agressivité (c'est elle qui lui apprend cela, durant la prime enfance). Mal sociabilisé, il a de grandes chances d'être un peu trop dominateur vis-à-vis des autres animaux, tout comme vis-à-vis de ses maîtres, et il faudra redoubler d'énergie pour le recadrer. C'est d'autant plus dangereux qu'un chien mal sevré, qui a tendance à mordiller petit, inconscient de sa force, pourra blesser gravement lorsqu'il sera grand. Un chaton séparé brutalement du giron maternel se montrera tout aussi incontrôlable et agressif, surtout avec des individus étrangers au foyer, et de plus pourra rencontrer des problèmes avec la propreté, car il n'aura pas appris à faire sa toilette ni à faire ses besoins dans sa litière, etc.

C'est pourquoi il est essentiel de ne pas céder à des achats ou une adoption compulsifs, et de toujours respecter la loi… voire aller au-delà, jusqu'à trois ou quatre mois. En effet, l'apprentissage nécessite du temps pour que l'animal soit bien « dans ses pattounes ». Il n'y a que des avantages à être patient, à respecter ses besoins naturels afin de s'épargner des troubles du comportement difficilement gérables par la suite. Le risque serait que les propriétaires se sentent si dépassés qu'ils se résignent à l'abandonner dans un refuge.

Bien des familles nous contactent et expriment avec culpabilité leur désespoir : devant leur chien qui se montre totalement « ingérable », ils sont démunis. Parfois, l'animal n'a besoin que de quelques séances d'éducation.

Les cas sont connus et nombreux : le chien détruit tout dans la maison, il regorge d'imagination pour faire mille et une bêtises lorsqu'il est seul. Ou encore il aboie toute la journée – ce qui rend fou le voisinage –, attaque les autres chiens, fugue plus souvent qu'à son tour, etc. Bien des gens se sentent dépassés face à ces situations, mais, dans les faits, avec un peu de patience et de pédagogie (tant avec l'animal que son propriétaire, disons-le), elles ne sont bien souvent pas si difficiles à résoudre.

Il paraît même évident que cette pédagogie doive impérativement précéder l'achat d'un chat ou d'un chien, et pas seulement quand le problème a pris des proportions incontrôlables. Pourquoi ? Parce que cela permettrait aux futurs adoptants d'anticiper et de mûrir le projet. Cette nécessaire prise de conscience éviterait, en outre, des « erreurs de casting », qui, elles aussi, grossissent bêtement les effectifs des refuges. Je pense à toutes ces familles qui optent pour des races de chiens « à la mode », mais pour lesquelles elles n'ont pas l'espace adapté… ni la vie qui va avec. Il ne s'agit pas simplement d'avoir ou non un jardin, car c'est surtout une question de mode de vie, d'absence prolongée due aux mille obligations qui nous éloignent du domicile.

Jadis, à la campagne, nos ancêtres vivaient au rythme des jours selon les saisons, et les animaux domestiques faisaient de même, partageant leur vie et les aidant dans leurs travaux. Aujourd'hui nos vies vont vite, trop vite, reconnaissons-le. J'entends par là qu'aujourd'hui, même les personnes qui vivent dans une maison à la campagne peuvent avoir adopté des rythmes intenses : partir tôt le matin, revenir tard le soir. Cela peut convenir à un chat mais n'offre pas forcément beaucoup de possibilités d'épanouissement à un chien, qui réclame une attention importante.

D'autant que certaines races, comme les malinois ou les huskies, se montrent très toniques, voire fugueurs pour les derniers. Ils nécessitent une présence encore plus importante que d'autres, surtout quand ils sont jeunes. Si vous rentrez tous les soirs du travail à 20 heures, ce n'est peut-être pas une bonne idée d'adopter un petit loulou qui a besoin de se défouler, car le déficit d'attention dont il pâtira risque de le pousser à adopter un comportement destructeur : il ira jusqu'à refaire la décoration de l'appartement, détruire, aboyer, voire fuguer. En revanche, un chien un peu âgé d'une race plus « cool » et qui, donc, dormira davantage, pourrait vous combler.

Et ce n'est pas moi qui vous dirai le contraire : du haut de ses treize ans et demi, Hancock est un rayon de soleil dans ma vie. Cela fait bien longtemps qu'il a arrêté l'entraînement intensif pour les JO, et cela m'arrange ! Ses besoins et le format de ses balades sont en effet en adéquation parfaite avec mon rythme de vie.

Ce sont des précautions qui, mises noir sur blanc, peuvent sembler quelque peu évidentes. Pourtant, combien d'abandons pourraient être évités chaque année si tous les propriétaires s'en inspiraient !

8

Des victoires et des défaites

Régulièrement, nous faisons un point sur l'avancée des dossiers avec Marion Bouillaud, l'avocate passionnée qui soutient notre action depuis ses débuts. C'est toujours un plaisir de revoir Marion, elle fait partie de ces belles personnes que la vie a placées sur ma route et qui ont immédiatement adhéré au concept et à la dynamique de l'association. L'occasion de joindre l'utile à l'agréable, autour d'un petit thé brûlant, quand nous voilà toutes deux plongées dans les dernières plaintes déposées et les courriers reçus du tribunal judiciaire. Ce jour-là, j'en avais six entre les mains. Ils se ressemblaient tous, et leur objet était suffisamment clair pour ne laisser aucun doute quant à leur contenu : « *AVIS DE CLASSEMENT À VICTIME concernant les faits suivants : Acte de cruauté envers les animaux, mauvais traitements à animal* ».

Le premier de la pile me remit peu à peu en mémoire notre plainte, déposée en novembre 2023 et relative à l'abandon volontaire d'un chien, sauvé d'une mort certaine par les pompiers et la police. Il s'agissait de Tayzer, un gentil berger malinois. En parcourant le document, je me remémorai ce premier jour de la trêve hivernale 2023, qui ne motivait pas grand monde à sortir. Les habitants d'un immeuble toulousain, importunés par les aboiements incessants d'un chien et par une odeur nauséabonde qui se dégageait des parties communes depuis quelques jours, décidèrent de faire un signalement.

Pompiers et policiers se rendirent rapidement sur place pour procéder à l'ouverture de la porte, motivée ici par le potentiel sauvetage d'une personne ayant fait un malaise, ou pire. Sur le palier déjà, l'odeur fétide était si insoutenable qu'elle provoqua un mouvement général de recul, une envie de fuir vers l'autre bout du couloir. L'équipage ouvrit l'appartement qui, sans surprise, était rempli d'immondices. Tayzer vivait ici, au milieu de ses excréments, depuis plusieurs jours. Il était très affaibli et d'une maigreur anormale, au point que l'agent de capture a dû l'aider à grimper dans le véhicule. Si la police n'était pas intervenue ce 1er novembre, ce loulou qui appelait désespérément à l'aide serait probablement mort de faim et de soif.

Les voisins n'ont pas su dire depuis combien de temps ce pauvre chien était livré à lui-même dans cet appartement, plus de cinq jours à coup sûr. Selon eux, il aboyait toutes les heures, pendant vingt minutes. De retour à l'appartement quelques jours plus tard, l'auteur des faits, contrarié d'avoir été dénoncé par ses voisins, se targuait ouvertement d'avoir récupéré son chien… Je voulais connaître la vérité, était-ce vrai ou pas ? Comment était-ce possible ? Je pris donc attache avec le refuge toulousain à qui Tayzer avait été confié le jour de l'intervention, et appris qu'effectivement il avait été restitué à son propriétaire trois jours après l'intervention. Le prétexte avancé : il ne présentait pas suffisamment de signes de maltraitance, et les responsables du refuge n'avaient pas encore reçu de réquisition. Il faut dire aussi que Tayzer n'avait pas de chance, c'était un de ces malinois que les refuges refusent dès qu'ils le peuvent, car ce n'est pas une race de chiens qui se replacent rapidement.

J'étais tellement dépitée! Tayser était donc de nouveau en danger, je ne pouvais y croire. Les textes sont pourtant clairs: ils donnent trois mois pour rendre l'animal au propriétaire, pas trois jours! « Dans l'attente de la mesure judiciaire prévue à l'article 99-1 du code de procédure pénale […], l'officier de police judiciaire peut ordonner la saisie ou le retrait des animaux et, selon les circonstances de l'infraction et l'urgence de la situation, les confier à une association […] pour une durée qui ne peut excéder trois mois[1]. »

Pire encore: alors que les faits qui concernaient Tayzer étaient suffisamment graves pour constituer le délit d'abandon (puni, je le rappelle, de trois ans de prison et de 45 000 euros d'amende), leur auteur venait d'être officiellement acquitté par la justice, le papier entre mes mains en faisait foi. Ce n'est qu'un des nombreux – très nombreux – classements sans suite qui ont émaillé l'aventure judiciaire des 4 Pattounes, parfois victorieuse, parfois pas.

Il faut savoir que, si la maltraitance animale n'épargne aucun milieu social, elle est toutefois concentrée dans des foyers fragiles ou propices à la violence, aux trafics et à l'argent « facile », notamment dans des quartiers populaires où les signalements aux autorités sont généralement compliqués. Il est quelquefois difficile, dans certains signalements, de distinguer ce qui relève des manquements, c'est-à-dire de la négligence, de ce qui prend sa source dans l'intention

1. Article L214-23 du Code rural et de la pêche maritime.

délibérée de faire souffrir l'animal. En effet, un propriétaire d'animal peut se trouver dans une situation de grand trouble psychologique, ou encore dans des conditions de profond dénuement, et n'a pas les moyens financiers de bien s'occuper de son animal. Il se peut aussi que ce soit une personne âgée qui n'a plus son autonomie. C'est tout le problème qui se pose en cas de discernement altéré de l'auteur, celui-ci n'étant pas considéré comme responsable des faits commis, si violents, voire mortels, que puissent être les coups.

Bien sûr, la loi établit une différence de sanctions entre ces différents comportements, en fonction de la gravité des faits, s'ils ont entraîné la mort ou non, mais aussi en fonction de l'âge de l'auteur, s'il est mineur, et du fait qu'il soit ou non récidiviste.

La loi française

Les mauvais traitements relèvent majoritairement de conditions de vie ou de détention qui infligent une souffrance à l'animal. Sur l'échelle des sanctions, il s'agit des moins graves, ce qui ne veut pas dire qu'elles sont insignifiantes.

L'arrêté du 25 octobre 1982 énumère ces mauvais traitements : l'absence de niche ou d'abri pour se protéger des quatre vents, une possible zone d'ombre, un manque de soins appropriés si l'animal est malade ou blessé, ou encore une attache trop courte qui génère de la souffrance.

Les mauvais traitements représentaient, en 2021, environ un tiers des cas de maltraitances exercées sur les animaux domestiques, soit la même proportion que les sévices graves et actes de cruauté. C'est au tribunal de police de juger de la situation, mais si les mauvais traitements sont avérés, la sanction encourue est une amende de 750 euros. La confiscation de l'animal ne sera possible que si ces mauvais traitements sont couplés avec des faits plus graves, relevant d'un délit comme des sévices ou un abandon.

Les sévices graves ou actes de cruauté, ou encore les atteintes sexuelles, englobent tous les comportements qui relèvent d'une gravité extrême mettant en danger la vie de l'animal. La loi les réprime de trois ans de prison et de 45 000 euros d'amende. Si l'auteur des faits est aussi le propriétaire de l'animal, ou si ces sévices ont été commis sous les yeux d'un mineur, la justice estime que ce sont des circonstances aggravantes, et dans ce cas l'auteur encourra quatre ans de prison et 60 000 euros d'amende. Dans tous les cas, si ces sévices ont entraîné la mort de l'animal, la peine s'alourdit à cinq ans de prison et 75 000 euros d'amende.

Les éléments constitutifs de l'infraction sont en effet précisés, tout comme les sanctions prévues par la loi ; encore faut-il que le discernement de l'auteur ne soit pas altéré au moment des faits…

J'ai encore les larmes aux yeux quand je repense à quelques-unes des affaires que nous avons eu à traiter. Elles sont si nombreuses, si violentes, que les mots me manquent pour dire toute l'horreur qu'elles m'ont inspirée. Je me souviens, par exemple, d'un petit cocker de huit mois, qui s'est vidé de son sang après que sa propriétaire, une jeune fille en crise de démence, lui a asséné avec acharnement une quinzaine de coups de couteau. C'est elle qui, une fois revenue à elle, a contacté les forces de l'ordre. Quand l'équipage a pénétré dans son logis, elle l'a dirigé vers la salle de bains.

Là, dans la petite baignoire, flottait le corps sans vie du chiot. Son sang avait formé une mare sombre, mêlée à l'eau. La jeune fille n'avait rien gardé en mémoire de son agonie. Pourtant, c'était bien son chien qui ne serait plus jamais là. Je pouvais entendre qu'elle n'était en rien responsable de son comportement sur le plan pénal, mais, je le reconnais, il m'était difficile d'accepter qu'une jeune vie eût été violemment arrachée et que ces tourbillons de pulsions incontrôlables restent impunis.

Si seulement cette affaire pouvait être l'exception à la règle. Mais mon esprit vagabondant en même temps que je couche les mots sur le papier, je me souviens aussi du cas d'une dame psychologiquement très fragile, demeurant à Colomiers. Elle souffrait du syndrome de Noé – la tendance pathologique à recueillir des multitudes d'animaux, sans être capable de s'en occuper – couplé avec le syndrome de Diogène – ce trouble du comportement qui consiste à accumuler compulsivement des objets chez soi, y compris les emballages et les déchets, qui grimpent parfois jusqu'au plafond. Cette dame avait laissé périr des chats et leurs petits dans des cages de transport, sans eau ni nourriture. Imaginez les jours de calvaire qu'ils ont endurés, ces êtres pleins de vie condamnés ainsi à une mort lente, oubliés par leur maîtresse…

Je me souviens encore d'une dame mentalement déficiente qui s'était vu offrir trois chats. Deux survivaient miraculeusement à notre arrivée – elle nous expliqua qu'elle les faisait bronzer au soleil, sur son balcon plein sud, puis leur donnait des coups jusqu'à ce qu'ils fassent la sieste. Les deux rescapés étaient paralysés du train arrière. Seules leurs pattes avant leur permettaient de se mouvoir.

Ces constatations de sévices alimentent, entre autres, le quotidien éprouvant des policiers, ici comme ailleurs : la triste réalité dépasse la fiction. J'ai encore en mémoire, par exemple, une vidéo barbare qui avait été envoyée à mes collègues. Les images, d'une violence extrême, sont restées, pour moi, ineffaçables. On y voyait un homme faire complaisamment souffrir Princesse, une petite pinscher âgée de quatorze ans, la battre à mort, la jeter sur les murs, lui fracasser la mâchoire, puis la pendre avec sa laisse. Ce trentenaire a filmé ces actes de torture infligés à l'animal puis a envoyé les images à son ancienne conjointe, qui lui avait confié sa garde durant son absence. Il a promis à cette femme, avec laquelle il a partagé treize années de sa vie, de lui faire subir la même chose.

Je peux féliciter les collègues primo-intervenants pour leur engagement et féliciter aussi le parquet de Marseille, qui s'est caractérisé par sa célérité et sa fermeté : l'auteur de ces actes barbares a en effet écopé de deux ans de prison ferme. Pour faciliter ce jugement, Les 4 Pattounes ont versé au dossier le rapport d'autopsie effectué, qui a permis de détailler au tribunal les souffrances endurées par Princesse avant de s'éteindre. Cet éclairage terrible apporté aux magistrats en charge du dossier a eu une influence certaine sur la sanction rendue, je peux vous le garantir.

Sauver Jolie

Mais, on l'aura compris, ce n'est pas toujours par sadisme que les mauvais traitements sont commis, les gens sont parfois simplement dépassés par la situation. Je repense à cette pauvre malinoise nommée Jolie, destinée à faire des portées dans un élevage en difficulté. Victime de bagarres avec ses congénères, Jolie avait été mordue et la blessure n'ayant pas été soignée à temps, son abcès s'était aggravé jusqu'à s'ouvrir à vif. La plaie s'était agrandie, au point que sa queue était tombée. Je ne pensais même pas cela possible !

Face à de nombreux signalements nous alertant sur la situation précaire de cet élevage, nous avons proposé une « journée main-forte » à la salariée de l'élevage, qui n'arrivait pas à faire face à une charge de travail excessive. Un concept simple, mais efficace : à l'instar d'un essaim, nos petites abeilles travailleuses frottent, nettoient, peignent, réparent et débroussaillent les lieux incriminés… et repartent aussi vite qu'elles sont arrivées, laissant derrière elles le sourire et la satisfaction d'améliorer la vie des pensionnaires à quatre pattes.

Ainsi, les bénévoles des 4 Pattounes apportent régulièrement leur aide à des refuges alentour. Bien plus que du bricolage, du jardinage ou encore du rangement et du nettoyage, nous savons que ces généreuses parenthèses offrent surtout une bouffée d'oxygène, un soulagement pour les bénévoles et salariés engagés au quotidien dans ces refuges difficiles à tenir. Dans l'élevage où Jolie vivait, les animaux pataugeaient littéralement dans une boue où se mêlaient leurs excréments, si j'en crois l'odeur qui s'en dégageait. Les installations étaient branlantes, les abris sommaires, faits de tôles, de planches misérables. Heureusement, les animaux semblaient correctement nourris.

Cette après-midi-là, j'avais promis à Jolie que nous la sortirions de ce taudis insalubre pour la soigner et la dorloter, que nous ne la laisserions pas tomber ni s'éteindre dans le silence et la fange. Après discussion avec la propriétaire, Jolie grimpa dans la voiture de Barbara – l'une de nos bénévoles, très impliquée – et, ensemble, elles se sont rendues à la clinique vétérinaire du Vernet. Jolie se laissait faire, malgré la douleur et la fatigue.

Le vétérinaire se montra catégorique : Jolie n'avait pas seulement perdu la queue. Elle devait être hospitalisée d'urgence, son état de santé était critique, elle était affaiblie et une infection plus profonde se logeait sous sa plaie. Nous l'avons prise sous notre aile, pour 100 euros, négociés par la propriétaire. La vie de Jolie valait bien plus que 100 euros.

Il y a aussi les cas, heureusement plus rares, de violences sexuelles exercées contre des animaux. Ce ne sont pas des affaires que j'évoque très souvent en public, car elles sont encore plus difficiles à entendre pour une assemblée non préparée que les autres. Mais le fait est que l'être humain, dans la vaste palette de ce qu'il est capable d'accomplir, se rend parfois coupable de sévices sexuels.

De ces violences, personne ne parle. Je pense même que, pour beaucoup de gens, ces choses-là relèvent tout simplement de l'inimaginable et qu'il n'y a donc pas lieu d'y songer. C'est dans le sillon du mémoire et des travaux de Marion Bouillaud, l'avocate-conseil de notre association, que la loi de 2021 a reconnu comme autonome le délit de sévices sexuels sur des animaux, jusqu'ici inclus dans la dénomination générale d'« actes de cruauté ».

Il est impossible de donner des chiffres précis sur ces pratiques, encore plus mal connues des autorités publiques que les autres formes de violence. L'association française Animal Cross, qui réalise un travail exceptionnel sur ce sujet difficile, estime qu'un million et demi de films à caractère zoopornographique sont visionnés chaque mois en France, et que 10 000 individus fréquentent des sites Internet à la recherche de petites annonces liées à des expériences sexuelles sur des animaux[1].

Cela ne signifie pas que tous vont passer à l'acte, bien sûr, mais ce chiffre s'avère étonnamment élevé.

Animal Cross donne aussi la parole à une criminologue américaine, Jenny Edwards. Elle a enquêté sur un panel dans son pays de près de cinq cents individus arrêtés pour des affaires d'agressions sexuelles sur animaux et souligne un fait important : plus de la moitié d'entre eux (53 %) ont un

1. https://www.animal-cross.org/zoophilie/

casier judiciaire où sont notifiées des agressions sexuelles sur les humains, sur les animaux, des actes de violence sur les êtres humains, des faits en lien avec des drogues[1]. Ce ne sont donc pas, majoritairement, des sévices d'un « genre particulier » chez des personnes ayant une sexualité « à part », mais des actes inscrits dans une démarche plus générale de violence sur autrui.

Jenny Edwards note tout de même la très forte prévalence du lien avec la pédocriminalité, puisque plus de 45 % des individus de son panel l'ont pratiquée ou ont été condamnés pour avoir visionné des images à caractère pédopornographique. Elle cite même des cas de mineurs ayant été contraints par ces adultes à avoir des relations sexuelles, parfois filmées, avec un animal.

Les 4 Pattounes ont eu, bien sûr, à traiter des affaires d'agressions sexuelles, plus glauques les unes que les autres, comme celle de Pharel, ce chaton de 4 mois et demi trouvé agonisant sur le trottoir, incapable de se mouvoir et qui aurait été condamné au pire sans le secours d'une passante. Ce pauvre petit avait les deux pattes arrière cassées, aussi a-t-il été conduit chez le vétérinaire qui a conclu, après un scanner de l'anus et du côlon de l'animal, qu'il avait bien été pénétré. Hélas, faute de caméras et de témoins, l'auteur des faits n'a jamais été identifié.

À l'inverse, certains signalements nous conduisent tout droit à l'auteur des faits, comme au sein de ce foyer dysfonctionnant où les animaux et les enfants de la famille étaient abusés et en grande souffrance. Trois d'entre eux avaient déjà été placés dans un foyer quand la voisine, encore sous le choc,

1. *Ibid.*

a restitué aux policiers ce dont elle venait d'être témoin : alors qu'elle échangeait quelques mots avec la femme manifestement instable, sur le pas de sa porte, elle a aperçu l'écran de télévision du salon, où était diffusée une vidéo zoopornographique réalisée par le couple avec le chien de la famille… La voisine était horrifiée.

Les magistrats ne sont pas des vétérinaires

On peut bien sûr se féliciter du fait que, dans des affaires aussi graves et choquantes, la justice fasse correctement son travail. Mais parfois nous nous retrouvons confrontés à des imbroglios où il est plus compliqué d'apporter des preuves, où nous savons évidemment que les animaux subissent des maltraitances, des coups, mais où les éléments que nous apporterons au dossier pour le prouver seront insuffisants ou jugés trop légers. Je repense par exemple à un centre de formation se disant « dresseurs de chiens promus à la sécurité privée », implanté non loin de Toulouse, qui a fait l'objet de signalements.

Apparemment, l'« éducation » qui était donnée aux chiens – et si je place ce mot entre guillemets c'est parce que, d'après plusieurs témoignages, celle-ci ressemblait davantage à un dressage brutal qu'à une méthode positive – s'apparentait à des sévices graves, légalement répréhensibles.

Mais comment prouver l'infraction sans hématome ni blessure visible ? Car c'est bien là le problème, on l'a déjà évoqué : la peau des animaux, recouverte de poils souvent de différentes couleurs, ne marque pas comme pourrait le faire celle d'un enfant frappé, qui finit par être teintée du bleu au vert, en passant par du violet. Pour Océane Richard, la vétérinaire pilier des 4 Pattounes, il suffisait d'observer les chiens pour s'apercevoir qu'ils montraient des signes patents de souffrance psychologique : ils tournaient sur eux-mêmes, adoptaient une posture soumise ou au contraire une grande agressivité, trahissant ainsi une profonde anxiété, etc. En effet, un vétérinaire quelque peu aguerri ne peut s'y tromper : pour se comporter collectivement de cette manière, ces animaux ont subi des méthodes violentes.

Mais voilà, les magistrats ne sont pas des vétérinaires. Et ce qu'ils considèrent comme des preuves assez décisives pour motiver une confiscation nécessitent des éléments plus tangibles que ceux qui relèvent du « comportemental ».

Dès lors, pour eux les preuves jugées assez solides pour engager des poursuites doivent reposer sur des expertises, des photos ou des vidéos non équivoques, et pas uniquement sur des témoignages flous ou des éléments comportementaux. Les potentiels dommages psychologiques sont loin d'être pris en compte dans les sanctions encourues pour maltraitance animale. Il faut des blessures, des dents ébréchées, des boitements, des zones où les poils ont été entièrement arrachés, etc. En l'absence de traces vraiment évidentes, un non-professionnel de la santé animale ne distingue pas forcément à quoi ressemble un chien qui va mal. Si ses souffrances ne se manifestent pas d'une manière assez « spectaculaire » (tremblements continus, gémissements…), il jugera qu'il y a trop d'incertitudes pour condamner le mis en cause.

Aux 4 Pattounes, nous savons aussi qu'il arrive qu'un magistrat condamne l'auteur, mais que l'application de sa condamnation reste en suspens. Vous avez bien lu : aussi révoltant que cela paraisse, il ne suffit pas de prononcer une condamnation pour qu'un agresseur soit, dans les faits, condamné ! Le cas de mon Hancock en est la meilleure des illustrations : poursuivi pour sévices graves et actes de cruauté, son ancien propriétaire a été condamné par contumace à quatre mois de prison ferme, dix ans d'interdiction de détenir des animaux et au versement de 1 000 euros de dommages et intérêts pour l'association. Mais, à mon grand regret, l'effectivité de ces sanctions semble relever du mirage. Malgré nos nombreuses relances, notamment auprès d'un huissier de justice, quatre années ont passé et nous n'avons toujours pas récupéré la somme qui nous était accordée.

Par ailleurs, la peine de prison ferme prononcée ne pourra jamais être appliquée comme telle. En effet, la réforme de 2020 a fixé de nouveaux seuils d'aménagement de peine. Ainsi, pour les peines d'emprisonnement d'un à six mois ferme, l'aménagement de peine est de plein droit. Au mieux, le bourreau de Hancock peut être contraint à porter un bracelet électronique. Enfin, concernant l'interdiction de détenir des animaux prononcée à son encontre jusqu'en 2029, nous ne saurons jamais s'il l'a effectivement respectée, compte tenu de la difficulté à effectuer un contrôle. Il peut très bien vivre avec une compagne qui est elle-même propriétaire d'animaux, ou encore se rendre dans un refuge pour en adopter (ce dernier n'ayant aucun accès aux fichiers de police, il n'aura pas le moyen de vérifier) et les déclarer plus tard au nom d'un membre de sa famille moins connu de nos services.

On en est là. Mais on ne baissera pas les bras.

9

Intermède « exotique »

Quelles sont les raisons qui poussent certaines personnes à commettre des actes de maltraitance, voire de violence, sur les animaux de compagnie ? La réponse à cette question est multiple mais je dirais, sans trop de risque d'erreur, que ces tendances prennent leurs sources dans une mauvaise gestion de la frustration, de l'agressivité et de l'envie de dominer. D'autres relèvent plutôt de formes de négligence et naissent de l'ignorance, mâtinée parfois d'une certaine paresse. Mais il y a un élément de réponse auquel on songe moins souvent : je veux parler de la *bêtise*, du besoin de sensations et de nouvelles expériences qui survient notamment à l'aube de l'adolescence.

Certains vont ainsi initier des adoptions, « spectaculaires » à leurs yeux, d'animaux exotiques. Je ne parle pas des personnes fascinées par des animaux type iguanes, serpents ou scorpions, et qui installent des vivariums chez eux parce qu'ils ont une passion pour ces animaux atypiques. Généralement, ce sont des gens bien informés et attentifs, qui s'approvisionnent de manière légale et veillent à se renseigner sur les besoins des animaux qu'ils possèdent, à bien les nourrir et à les traiter avec respect.

En revanche, il existe un réel marché illégal et parallèle d'animaux rares, trafic qui rapporte énormément d'argent, au détriment du bien-être animal. Ses acteurs se livrent parfois à cette activité pour des raisons financières, ou alors « juste pour le fun », parce qu'ils se pensent au-dessus des lois et veulent imiter le comportement de quelques mafieux connus que l'on sait, comme Pablo Escobar, être parfois à l'origine de collections incongrues d'animaux sauvages. Ici comme ailleurs, les raisons qui motivent une adoption vont souvent conditionner la manière dont l'animal sera ensuite traité.

« Le goût immodéré de [...] l'argent est l'une des causes de la destruction de toutes les valeurs profondes qui font que l'homme peut aller vers le progrès. » Cinquante ans après avoir été prononcée, la phrase de François Mitterrand est encore au goût du jour. Car certaines personnes sont prêtes à tout pour de l'argent et les animaux, quels qu'ils soient, n'y échappent pas.

En France, on sait que plus de 100 000 animaux de compagnie entrent illégalement sur le territoire chaque année, nourrissant le troisième trafic le plus lucratif au monde, juste après les armes et la drogue. Nombre de ces animaux, souvent venus des pays de l'est de l'Europe, sont des chats et chiens que l'on trouvait jusqu'en 2024 dans les animaleries les moins scrupuleuses, ou qu'on peut acheter sur petites annonces sur Internet.

Beaucoup de ces animaux, qui ont vu le jour dans de véritables « usines » d'élevage et ont connu des conditions sanitaires généralement déplorables, n'ont que six à sept semaines quand ils sont importés en France. Ils n'ont pas été correctement sevrés et la défaillance de sociabilisation dans leur enfance peut engendrer des troubles comportementaux à l'âge adulte, donc un risque plus grand d'être abandonnés et de terminer leur existence en refuge.

Parmi ces 100 000 malheureux se trouvent aussi des animaux « exotiques » victimes de braconnage. Si certains de nos concitoyens ramènent ces espèces de bonne foi, par ignorance de la loi, beaucoup de contrevenants savent parfaitement que ces « importations » sont illégales. Malgré la mise en place de diverses mesures pour protéger ces espèces quelquefois menacées d'extinction, comme la convention de Washington à l'échelon international, les trafiquants redoublent d'imagination.

Les animaux concernés peuvent être de petits singes, des oiseaux ou bien encore des reptiles… que les gens importent et gardent pour eux comme animaux de compagnie ou vendent sur de simples sites entre particuliers, sans réaliser l'impact de leur méconnaissance quant à l'espèce, qui peut mettre leur bien-être ou leur vie en danger.

Parfois arrachés illégalement à leur milieu naturel et transportés dans des conditions abominables, les animaux sont affaiblis et seuls certains d'entre eux survivent. L'argent semble tout acheter, au détriment du bien-être animal. La bêtise est meurtrière, hélas. Et le prix de vente de ces animaux étant très élevé pour un coût minimal, puisqu'ils ont été dérobés à la nature, le « gâchis » de vies ne démotive jamais sérieusement les trafiquants.

Ouistitis et suricates

Je me souviens d'un cas encore plus étonnant. Un jour, un collègue de la Brigade anticriminalité (BAC) toulousaine m'appelle pour m'interroger sur le mode de vie et les besoins alimentaires… des suricates. En effet, à l'occasion d'une perquisition en raison de détention de mortiers, il s'est trouvé nez à nez avec une installation chauffée, mais exiguë et sommaire, où logeaient deux de ces mignons carnivores, hauts d'une trentaine de centimètres, qui vivent habituellement dans les plaines des régions arides de l'Afrique subsaharienne. Ils avaient comme colocataires deux ouistitis, un écureuil et un perroquet gris du Gabon.

Intarissable sur le sujet, leur mode de vie, leur alimentation et leurs besoins, le propriétaire des suricates semblait passionné par ces petites bestioles. Il disait les avoir achetés sur un « marché local ». L'individu, connu des services de police pour trafic d'animaux, reconnaissait ne pas posséder les papiers autorisant leur détention ni être en mesure de leur offrir des conditions de vie correctes. Le parquet, saisi sur les faits mais rarement confronté à ce genre d'espèces, avait demandé un simple procès-verbal de renseignements. Comme toujours, le risque était de voir ces animaux disparaître après le passage de la police. Le signalement fut donc transféré au service des douanes compétent en la matière.

Il ne fait aucun doute que ce monsieur avait de l'affection pour ces animaux, puisqu'aux policiers venus le perquisitionner il avait crié : « Prenez ma femme si vous voulez, mais laissez-moi mes suricates ! » Il n'empêche qu'il les élevait en appartement, dans des conditions totalement inappropriées pour des mammifères qui doivent passer leur vie sur de vastes plaines cuites par un chaud soleil.

Je pourrais citer d'autres cas tout aussi symptomatiques de la bêtise dont font preuve certains adoptants, au mépris des lois et du respect élémentaire que nous devons aux animaux. Comme celui de ce crocodile – un vrai crocodile ! – repêché dans la Garonne par les pompiers après que son propriétaire s'était débarrassé de lui. Sans doute le monsieur n'avait-il pas anticipé que le petit animal qu'il avait adopté « pour de rire » deviendrait un reptile vorace, ô combien dangereux, pesant plus de cinq cents kilos, atteignant parfois une tonne.

Tout cela ne pourrait susciter que de la consternation de notre part s'il ne s'y mêlait aussi de la colère, en raison des sanctions trop rarement infligées et donc peu dissuasives. Car les détenteurs d'espèces non domestiques protégées peuvent être, selon le Code de l'environnement, punis de six mois d'emprisonnement et de 9 000 euros d'amende. Quant à la loi Dadue datant de 2013, elle punit les trafiquants opérant en bande organisée. Mais dans les faits, leur activité est trop souvent assimilée par les juges à des trafics d'objets, par exemple des tableaux volés. Les souffrances psychologiques et physiologiques ressenties par les animaux, sans parler de leur mort, ne sont pas encore suffisamment prises en compte par la justice. Quand on sait à quel point ce trafic est lucratif et combien il est organisé avec une absence totale d'humanité, il mériterait vraiment de faire l'objet de plus de sévérité.

10

Empathie

L'automne pointait le bout de son nez, l'heure de la rentrée avait sonné, amenant, dans son tourbillon de feuilles orangées, les enfants sur le chemin de l'école. J'attendais ma fille à la sortie des cours quand je l'aperçus, ce petit bonhomme de douze ans, haut comme trois pommes, courant de toutes ses forces dans ma direction à la sortie du collège. Les joues rouges, il s'arrêta net devant moi en tentant de reprendre sa respiration. Je le regardais un peu surprise, son visage me disait quelque chose.

Il était fier de m'annoncer : « Madame ! Grâce à vous, j'ai sauvé un chien cet été. » Je le regardai et souris. J'avais déjà hâte de connaître son histoire, lui à qui j'en avais tant raconté quand j'intervenais devant sa classe l'année passée. Sa professeure principale, sensible à la cause animale, m'avait donné cette occasion. C'était tout simplement fabuleux de voir à quel point les enfants étaient touchés et touchants. Spontanément, ils voulaient s'impliquer et aider. J'avais ici la preuve manifeste que les petites graines semées pouvaient germer.

J'écoutai donc avec beaucoup d'attention mon petit ambassadeur de la cause posté devant moi. Il poursuivit : « Cet été, j'allais à la plage avec mon papy et ma mamie, quand j'ai vu un chien qui ne semblait pas du tout bien derrière la vitre d'une voiture garée tout près de la nôtre. » Il marqua un temps d'arrêt, me jetant un regard comme s'il attendait une réaction de ma part. J'avoue que j'ai dû me crisper en imaginant ce pauvre loulou souffrant dans ce sauna. Il reprit fièrement : « J'ai dit à mon papy qu'il fallait vite appeler le 17, et que si les policiers prenaient du temps à arriver on pouvait casser la vitre pour le sauver. » Il ajouta : « Pour le convaincre, je lui ai dit que c'était "l'état de nécessité". »

Ce petit bonhomme avait donc retenu tout ça de ma séance en cours ! J'étais admirative devant tant de précision : l'article L122-7 du Code pénal concernant l'état de nécessité n'avait plus de secret pour lui ni pour son papy ! Ils ont, de fait, cassé la vitre et sorti le chien à temps. Vu sa description, cela devait être un caniche couleur abricot qui avait déjà quelques années et n'arrivait plus à trouver son souffle dans l'habitacle suffocant. On ne le dira jamais assez, un coup de chaud arrive très vite. Pas aussi vite que les gendarmes ce jour-là, qui étaient sur place quelques minutes plus tard pour féliciter notre petit héros. Ce sont ces belles histoires qui me donnent de l'énergie pour poursuivre le combat.

L'empathie est un lien prodigieux sur lequel Les 4 Pattounes prennent appui dans leurs actions. Développer cette capacité à percevoir et ressentir ce que d'autres peuvent vivre – trop souvent l'enfer sur terre pour les animaux – permet de changer de regard, donc de comportement, vis-à-vis des plus fragiles. C'est miser sur l'avenir et dessiner ensemble un monde meilleur, empli de discernement et de justesse, prônant les secrets du « vivre ensemble » – peu importe qui est l'autre, finalement.

Au-delà de la bonté et de l'empathie innées que certains humains possèdent sans doute plus que d'autres, se loge tout un champ des possibles, qui repose sur le besoin de pédagogie. Les bénévoles des 4 Pattounes s'appliquent ainsi à prendre leur bâton de pèlerin et à répondre à toutes les demandes des écoles ou des centres de loisirs, des collèges, des lycées. Ils vont à la rencontre de jeunes en construction qui ont soif d'apprendre et de comprendre. C'est ainsi que nous mettons sur pied les équipes d'ambassadeurs de demain, qui témoignent que tout est possible, et soufflent un vent d'espoir pour une société empathique.

La place de l'animal a déjà beaucoup évolué au fil du temps. Jadis, les combats d'animaux étaient très fréquents et les jeux cruels l'étaient tout autant. Prenez par exemple les origines déconcertantes de l'expression « être le dindon de la farce » : il s'agissait d'un spectacle barbare et cruel, très en vogue dans les foires parisiennes au début du XIXe siècle et appelé le « ballet des dindons ». Le principe était le suivant : les volailles étaient placées sur une plaque en métal qui était progressivement chauffée. La chaleur, de plus en plus insupportable, contraignait les dindons à sauter pour ne pas se brûler les pattes. Cela faisait beaucoup rire le public, ces dindons bondissants qui se trémoussaient au rythme d'une musique endiablée…

Cette époque est révolue, mais le piège serait de croire que le combat est définitivement gagné. Certains événements en marge, souvent médiatisés ou relayés en boucle sur les réseaux sociaux, témoignent de jeux tout aussi cruels et gratuits amusant la galerie : chat enveloppé de cellophane et placé dans un four à micro-ondes, hérissons balancés depuis un véhicule roulant à vive allure sur le périphérique… Il y a ce besoin insolent d'exhiber l'horreur dans ces tristes vitrines dans le seul but de faire du buzz, au vu de tous, y compris des mineurs dont l'empathie est en construction.

Indéniables progrès

À l'été 2024, nous avons été saisis d'un signalement mêlant l'atroce au délire. Il s'agissait d'un jeune homme qui avait trouvé très marrant de jeter son chien du haut d'un immeuble. Et pour ajouter au cauchemar, la scène était filmée et partagée simultanément sur les réseaux sociaux, dépassant vite les frontières de l'Hexagone. Les 4 Pattounes ont déposé plainte pour ces faits constituant des sévices graves et actes de cruauté. En effet, la vidéo est non équivoque, ne laissant aucun doute ni malentendu sur la scène : l'adolescent se filme en selfie, attrape un chien par la nuque et le jette depuis un balcon. Plusieurs étages en contrebas, le chien s'écrase au sol.

Ce qui m'a rassurée sur l'existence d'une société empathique, c'est le nombre de signalements reçus de toute la France pour dénoncer cette infamie et nous supplier d'intervenir. Les internautes ont en effet rapidement identifié ce jeune homme de seize ans, habitant Nice, et ont répandu son signalement. Le travail efficace et remarquable des policiers saisis a rendu possible de localiser rapidement la scène d'horreur, en Tunisie. Bien que le droit français ne puisse s'appliquer au-delà de nos frontières, l'adolescent a été arrêté à son retour en décembre 2024, à l'aéroport de Nice. La vidéo postée sur les réseaux sociaux a permis au procureur de la République d'engager des poursuites. Cette affaire témoigne du fait que notre société est sur le bon chemin, celui d'un monde apaisé, respectueux de la vie, et qui laisse le champ libre au possible.

Autre exemple d'un indéniable progrès : les souffrances que subissent les animaux d'élevage, en route vers une mort programmée, nous émeuvent bien plus aujourd'hui qu'elles ne l'auraient fait il y a vingt ans. Pourtant, ces souffrances ne constituent pas des infractions au sens pénal, puisqu'elles sont autorisées par la loi. Sont-elles pour autant légitimes ? Je pense à l'enfer de l'élevage intensif d'animaux destinés à l'industrie alimentaire, où tous survivent les uns sur les autres, parfois sans même apercevoir la couleur du ciel. Je pense aussi, dans le désordre, au broyage des poussins, à la castration à vif des porcelets (qui a été autorisée jusqu'en 2022), à l'expérimentation animale en laboratoire (qui, sous cette noble appellation, couvre bien des pratiques s'apparentant à de la torture en toute impunité), à la « régulation » des animaux « nuisibles » tels que les rats et les pigeons assurée par les municipalités…

Il est terrible par ailleurs d'imaginer que certains animaux sont associés à nos moments de fête, invités malgré eux à nos banquets : la dinde pour Thanksgiving, les huîtres pour Noël, le foie gras pour la Saint-Sylvestre, l'agneau pour Pâques, le mouton bien souvent pour l'Aïd… Le poids des traditions valide ces sacrifices, mais le fait est là : la fête des uns se traduit par le sacrifice suprême des autres.

Dans le même ordre d'idées, quand l'opinion publique parle de « spectacle » pour désigner l'exploitation des animaux dans les cirques, on peut légitimement s'interroger. Au mieux, il s'agit d'une litote destinée à bercer – voire berner – la conscience collective. À quel moment contempler un éléphant obligé de s'asseoir sur un minuscule tabouret relèverait-il d'un instant « magique » ? De la soumission à la coercition, les animaux pris en otage dans les cirques sont en effet sans arrêt contraints à des mouvements contre nature. L'enchaînement et le dressage violents sont absolument incompatibles avec leur bien-être biologique. La perte des repères inhérents à la nature même de l'animal engendre de la nervosité et de la peur. Ce qui est mis en « spectacle », ce sont quelquefois, en réalité, des scènes de torture.

Quant à la corrida, ce n'est ni un spectacle ni un sport, mais une pratique humiliante et ultra-violente qui devrait relever de la maltraitance. Car le « combat » est perdu d'avance pour les taureaux : il se conclut par un bain de sang qui, au nom de la coutume locale applaudie par quelques adeptes, est encore considéré comme une « tradition » et se perpétue donc en toute impunité. Et que dire des « loisirs » meurtriers que représente, par exemple, la chasse ?

En tant que policière, je suis bien placée pour connaître le poids de responsabilité que représente la possession d'une arme à feu. Et, il faut le dire, certaines personnes ne sont pas faites pour disposer d'un instrument capable de blesser ou de tuer. Je me souviens du cas de Bill, un berger hollandais au pelage bringé âgé de cinq ans.

Tout s'était précipité après un bref échange téléphonique avec le secrétariat de l'École vétérinaire de Toulouse : « Bonjour, Céline, on vient d'intégrer un chien type berger, très sympa, il se laisse faire malgré la douleur, le pauvre… Il a été victime d'une balle à bout portant. L'os de sa patte a littéralement explosé. Il doit subir une amputation, et les propriétaires envisagent de l'euthanasier. Tu pourrais le prendre, toi ? »

Trois secondes sont passées. « *OUI, bien sûr, je passe le voir dès que je quitte le bureau !* »

L'école vétérinaire est située à deux minutes à vol d'oiseau de mon bureau, à l'École nationale de police de Toulouse. Ce soir-là j'ai rejoint Bill à 17 h 02, mais mes pensées n'avaient pas cessé de l'accompagner depuis cette conversation. Je n'avais pas tout compris à ce qui lui était arrivé, mais, sans appel, je voulais qu'il vive. Avait-il été victime d'un accident de chasse ? On ne le saura jamais.

À mon arrivée, Bill avait la patte caparaçonnée d'une coque bleue rigide. Son regard en disait long, mais il ne se plaignait pas. L'équipe en blouse me tendit un papier griffonné avec un nom et des coordonnées téléphoniques, en m'indiquant que Bill avait rejoint la clinique grâce à une dame qui s'était arrêtée pour lui porter secours. Touchée par son état, cette douce humaine l'avait recueilli pour le transporter jusqu'ici.

L'heure avançait, à présent il fallait penser à son transfert et à son opération. Florence, une bénévole très impliquée de l'association, m'avait rejointe et était volontaire pour accompagner ce grand blessé à la clinique du Vernet. Hélas, le vétérinaire n'a pas pu conserver sa patte, l'impact de la balle, trop puissant, ayant causé des dégâts irréversibles. Heureusement, comme les contes pour enfants, cette histoire se termine bien : la dame qui l'avait trouvé agonisant en bord de route avait eu le temps, sur le chemin de l'École vétérinaire, de s'attacher à lui. Et c'est ainsi qu'elle lui a offert un doux foyer, en famille d'accueil.

Les « fragiles »

Il faut bien le dire : sur la question des violences « que la loi accepte » (élevage intensif, corrida, chasse…), les réseaux sociaux et les médias ont joué un rôle considérable dans une salutaire évolution des mentalités. En éclaireur, des associations déterminées à dénoncer l'ampleur de l'horreur qui se cache derrière les murs des laboratoires, des abattoirs, se sont infiltrées dans les box des taureaux d'arène et ont relayé des témoignages, souvent avant même de les porter en justice. L'objectif était de choquer pour favoriser une prise de conscience du plus grand nombre. Ces associations ont joué sur la corde sensible et la stratégie a globalement bien fonctionné, même si les changements sont trop lents.

Je me dis souvent qu'on peut juger de la douceur ou du caractère impitoyable d'une société en regardant la manière dont elle traite ses animaux de compagnie et de rente. Observer cet élément, c'est observer comment on traite d'autres « fragiles » : les femmes, les enfants, les personnes en situation de handicap, les personnes âgées… Je crois que nous sentons tous bien qu'il existe un lien indéfectible entre les différentes formes de vulnérabilité : une société qui met en place des structures pour que les personnes en situation de handicap puissent davantage accéder à différents bâtiments, grâce à la construction de rampes et d'ascenseurs, travaille *aussi* au bien-être des personnes âgées, des femmes enceintes, des petits enfants, des plus démunis. Elle fait preuve d'une capacité d'écoute et d'accueil qui, *in fine*, profitera à tout le monde, y compris aux personnes qui n'appartiennent pas (ou pas encore) aux catégories « vulnérables ».

Bien sûr, je l'ai déjà écrit, une partie des attitudes dépend des individus mêmes. Nous savons qu'il existe, chez chacun d'entre nous, des tendances plus ou moins marquées à se comporter de manière égoïste ou altruiste. Mais c'est aussi un travail collectif que d'orienter les mentalités, d'inviter au changement. Si, dès le plus jeune âge, un large travail de pédagogie est entrepris, encourageant l'empathie, les fruits profiteront à tous.

La bonne nouvelle, c'est que je crois très fortement qu'avoir une pensée pour l'autre, cela s'apprend. Le premier obstacle à la lutte contre la maltraitance des animaux domestiques en France n'est pas la mauvaise volonté ni l'absence de moyens. Le premier obstacle, c'est *l'ignorance*. Et c'est donc par la pédagogie et grâce à la multitude des petites graines que nous semons et qui vont germer qu'une société empathique va progressivement émerger.

Les efforts pédagogiques consistent à proposer un éclairage suffisant pour mesurer et comprendre les causes des maltraitances. Mais il s'agit aussi et surtout de bousculer des évidences très enracinées.

Combien de familles ne mesurent pas – si invraisemblable cela soit-il – que l'adorable petit chiot grandira, grossira, et qu'il deviendra un molosse plein d'énergie de trente-cinq ou quarante kilos, nécessitant un budget croquettes-soins vétérinaires considérable ? Ou alors que la race adoptée réclamera qu'on lui fasse faire de l'exercice, qu'on la sorte longtemps, qu'on la stimule beaucoup, bref qu'elle demandera une énergie et un temps qu'en toute bonne foi on ne peut donner ?

Accueillir un loulou, c'est considérer que la famille va s'agrandir. Il s'agit donc de mûrir un projet d'adoption ensemble, d'en discuter entre parents et enfants, de se demander si les conditions sont bien réunies pour accueillir le nouveau venu, s'il y a assez de place dans le foyer, de temps, d'attention et de moyens à lui consacrer.

11

Tristes refuges

Depuis plus de huit ans, Macaron occupe mon canapé des heures durant, avec cette majesté que seuls les chats possèdent. Ce bel animal d'un blanc céleste est un membre de la famille, et nous apporte un bonheur infini. Mais *a posteriori*, je me dis que ça a été une erreur de l'adopter.

À l'époque, ma fille Eléa rêvait (à voix haute) d'avoir un chat, ou mieux : d'avoir *son* chat. Nous habitions encore Paris, et ce projet accompagnait notre arrivée dans la Ville rose. Jonglant entre les préparatifs du déménagement, l'inscription dans sa nouvelle école et toutes les démarches administratives qui découlent d'une mutation, je me revois éplucher les petites annonces du 31, à la rubrique « animaux », en quête d'un pseudo-vendeur ou éleveur qui me proposerait une merveilleuse boule de poils à un prix raisonnable.

Quelques appels ici et là et mon choix s'est porté sur un élevage à taille familiale, proche de Saint-Gaudens. J'étais rassurée par les mots de l'éleveuse qui me garantissait que les chatons vivaient au sein de la famille et étaient donc très sociables. Quelques clics supplémentaires m'ont permis de faire des recherches sur le caractère, réputé doux, de la race des ragdolls (« poupées de chiffon »), mais aussi d'admirer les belles photos reçues de l'éleveuse.

Je profitai d'un passage à Toulouse pour aller lui rendre visite : il était ma-gni-fi-que ! Une petite boule de coton blanche avec deux billes bleu ciel en guise d'yeux. J'avais hâte de le présenter à Eléa, qui se contentait jusqu'ici de visionner en boucle quelques vidéos de lui. Pour concilier au mieux notre aménagement avec cette adoption qui ravissait toute la famille, nous avons décidé de le laisser grandir dans son foyer jusqu'à ses trois mois. Cela lui évitait ainsi un court passage par la capitale, suivi d'un inutile déménagement. Macaron a rejoint notre nid toulousain à la Noël 2016.

Pourquoi écris-je que ce choix fut une erreur ? Parce que j'aurais dû opter prioritairement pour une adoption responsable, qui se serait déroulée dans un refuge. Cela m'aurait permis de sauver un petit être malheureux, qui aurait été tout aussi beau et attachant à nos yeux. Mais je n'étais pas alors informée de cette possibilité et l'idée ne m'a tout simplement pas effleurée. Le grand public n'est pas vraiment au courant de l'existence des refuges, et c'est une tragédie. Beaucoup d'entre nous avons d'emblée recours aux petites annonces, aux élevages, aux salons dits « du chiot » ou « du chaton », qui tous nous détournent de lieux où, pourtant, il y a urgence.

Dix-huit mois après avoir adopté Macaron, alors que j'œuvrais bénévolement à l'Atpa, j'étais déjà mieux informée sur la réalité de la maltraitance. Nous avons recueilli Mimi, petite chatte handicapée, pour une raison encore inconnue, d'une patte arrière, qui venait de rejoindre un refuge et cherchait une famille. Gris souris, avec deux yeux verts en amande, Mimi nous a vite séduits et notre famille s'est agrandie.

C'est un joli mot, « refuge ». Il évoque spontanément l'image d'un lieu confortable et accueillant, de prise en charge des animaux et de passerelle vers une nouvelle vie. Présenté ainsi, il est grandement porteur d'espoir. Chiens, chats et parfois même nouveaux animaux de compagnie (lapins, rats, hamsters…) y sont recueillis à la suite d'un abandon spontané ou d'un retrait pour maltraitance, mais aussi lorsque les propriétaires ne sont pas venus récupérer leurs animaux trouvés divaguant, malgré maintes relances. À l'issue du délai de huit jours en fourrière, ces derniers rejoignent un refuge afin d'être proposés à l'adoption.

Au refuge, les loulous seront à l'abri des violences et de la faim. Si l'on poursuit la définition classique, les pensionnaires y sont soignés, identifiés, stérilisés, vaccinés, hébergés, éduqués et socialisés, en vue de trouver un nouveau foyer aimant dans le cadre d'une adoption responsable. C'est en effet vers cet idéal que tend la majorité des refuges.

Pourtant, si l'intention est louable elle ne suffit pas toujours. Et la distorsion entre la théorie et la réalité du terrain est parfois vertigineuse, en premier lieu parce que le nombre de sollicitations est trop élevé, le manque de places et de moyens criant. Pour le dire simplement, les bénévoles font souvent ce qu'ils peuvent avec les moyens du bord. Leur engagement est formidable, mais pour les animaux, le refuge c'est un tumulte qui s'ajoute à l'inconfort, à cause des aboiements incessants, d'une surpopulation stressante et partout, partout, de la détresse des pensionnaires.

Des prisons en béton

Une existence en refuge ressemble à une vie cloîtrée toutes les heures que compte une journée, dans quelque chose comme cinq mètres carrés, et dont la monotonie terrible et l'absence d'interactions avec les humains peut rendre tout animal soit neurasthénique, soit complètement fou. Le chat, le chien, verra un salarié venir nettoyer son box le matin et lui donner à manger, et parfois cela s'arrêtera là. Un bénévole peut passer, comme un rayon de soleil attendu l'après-midi, pour proposer une promenade en laisse une trentaine de minutes, car naturellement il faut satisfaire l'ensemble des nombreux pensionnaires.

Quand on connaît le tempérament sociable du chien, membre à part entière d'une famille, qui a un besoin énorme d'interagir avec nous et de sociabiliser avec ses congénères, de tout renifler et de jouer, on peut facilement imaginer le poids que cette solitude fait peser sur lui. Quant au chat, comme le chien il est souvent encagé seul pour des raisons essentiellement sanitaires les premiers temps, avant de partager un espace commun. Ses conditions de vie ne sont guère plus enviables alors, car il vit quelquefois entassé parmi les siens.

Il faut dire aussi que, parfois, les animaux se trouvent placés dans des lieux mal isolés, parcourus de courants d'air, où le sol est bétonné pour des raisons d'hygiène. Or le béton et la canicule ne font pas bon ménage. Souvent ils snobent leurs petites niches de pacotille, préférant même passer la journée à l'extérieur, qu'il pleuve, vente ou neige. Il en est d'autres que cette détention rend agressifs, hyperactifs, voire hyperagressifs, notamment des chiens, qui se mettent à mordre tous les congénères passant à leur portée.

Pour certains, c'est cette agressivité qui a mené à leur placement en refuge, et ces conditions carcérales de vie ne les incitent évidemment pas à se comporter avec plus de douceur. En cas de morsure ou de potentiel danger identifié, une évaluation comportementale est fortement préconisée. S'il s'avère que le chien est classé au niveau 3 ou 4 (sur une échelle de 4), c'est-à-dire qu'il présente un risque de réactivité et de dangerosité critique ou élevé pour autrui, le vétérinaire peut préconiser le port d'une muselière, des consignes en éducation, un traitement sédatif, ou bien encore l'euthanasie.

Vraiment, quand vous vous promenez le long des allées d'un refuge vous captez des regards qui vous brisent le cœur. De nombreux animaux semblent mendier un câlin, une caresse, de l'attention tout simplement, vous demander aussi *ce qu'ils ont fait de mal pour finir là*, pourquoi la société a décidé de les emprisonner, alors qu'ils ne se rappellent pas avoir été autre chose que des compagnons fidèles ou des victimes. Beaucoup, interrogateurs, attendent aussi le retour de leur maître, celui qui les battait ou qui les a abandonnés pour partir en vacances mais qui, dans leur cœur, a conservé le même statut. Quelquefois, j'aimerais savoir avec plus de précision ce qu'ils ressentent intimement. Quand je vois certains loulous lorgner, vers le box d'à côté, la place vacante laissée par leur voisin qui a été adopté, j'aimerais savoir ce qu'ils comprennent et ce qu'ils éprouvent alors, eux qui continuent de vivre dans cet espace si sommairement aménagé, si triste. Cela me fend le cœur en deux.

S'il est essentiel que la triste réalité des refuges soit davantage connue du grand public, ce n'est pas pour accabler les bénévoles qui, je le redis, font aussi bien qu'ils le peuvent, mais pour encourager toutes les personnes qui aiment les animaux et nourrissent un projet d'adoption à y venir, spontanément, et craquer pour ces boules d'amour. De fait, en adoptant ils sauvent deux animaux : celui qui finira sa vie dans leur doux foyer et celui qui prendra sa place au refuge, très probablement à la suite d'une maltraitance ou d'une négligence.

Bons et mauvais gestes

Le refuge est souvent l'aboutissement d'une histoire qui a mal tourné. Le travail de pédagogie qu'ont décidé de mener Les 4 Pattounes dans les écoles a pour but d'empêcher, dans la mesure du possible, que cette histoire ne dégénère, ou de faire en sorte qu'elle se déroule autrement. J'ai déjà évoqué les parents succombant à un achat de chat ou de chien sur un « coup de cœur », sans réellement réfléchir aux conséquences et aux responsabilités qui en découlent. Mais nombreux sont aussi les gens qui, passant au refuge, sont soudain pris de l'envie de « sauver » un pensionnaire tant ils sont émus par son histoire. L'intention est bonne mais ne suffit pas, les projets d'adoption non mûris, ou pas suffisamment éclairés, finissant trop souvent par un abandon ou par un retour à la case départ, celle du refuge.

Et si on inversait les rôles et qu'on laissait le loulou nous choisir? Sans nous focaliser sur une certaine race ou une couleur particulière du pelage? Et si on incitait les gens à bien réaliser toutes les responsabilités qui vont découler de l'adoption? Je comprends tout à fait qu'on raffole des cockers, des labradors ou des chats siamois. Mais pourquoi ne pas inviter les gens à longer les allées d'un refuge, et rencontrer les animaux qui s'y trouvent? Je ne jette la pierre à personne en écrivant ces mots: moi-même, comme je le disais, avant de connaître la terrible réalité des refuges, avant de la constater de mes propres yeux, je ne songeais pas à faire cette démarche quand j'ai adopté Macaron.

Pourtant, les refuges sont peuplés – et même surpeuplés – d'êtres vivants en demande, qui ne sont certes pas parfaits et peut-être pas aussi jeunes et beaux que l'animal dont on a rêvé, mais qui sont *là*. Ils attendent parfois un propriétaire depuis des années, et souffrent de n'avoir pas de foyer. Cela ne signifie pas, bien sûr, qu'il est obligatoire de revenir du refuge avec un chat ou un chien. Peut-être n'aura-t-on trouvé aucun animal qui convienne parmi ceux qui étaient présents. Mais c'est un premier geste qui me paraît salutaire. Quand je vois certaines familles jouer des coudes pour obtenir le petit d'une portée de chiots de race, alors que les refuges débordent d'animaux adorables, qui n'attendent qu'un peu d'affection, je l'avoue, cela me retourne le cœur.

Aux 4 Pattounes nous voyons aussi le cas, extrême mais plus rare heureusement, des personnes atteintes de ce qu'on nomme « le syndrome de Noé ». On l'a vu, c'est le nom d'un trouble psychiatrique qui incite ces personnes à acquérir un nombre complètement irréaliste de chats ou de chiens pour les « sauver ». Ce sont généralement des personnes aux bonnes intentions mais qui, souffrant de problèmes de sociabilité humaine, se réfugient dans une cohabitation pathologique avec les animaux qui prend très vite des proportions démentielles. J'ai le souvenir d'une dame qui avait sillonné tous les refuges de sa région pour recueillir pas moins de quatre-vingt-dix chats, sachant que son logis n'excédait pas soixante-dix mètres carrés. Je vous laisse imaginer le chaos !

La loi française oblige un propriétaire de chat à lui octroyer un minimum de deux mètres carrés pour vivre, ce qui est peu. Et il est interdit de posséder plus de neuf chats par foyer, sauf dérogation. Ces obligations ne sont pas là par hasard : un chien, un chat ont, comme tous les mammifères, besoin d'un espace minimal pour s'épanouir. Les en priver revient peu ou prou à les enfermer dans une cage.

Du soulagement, pas de la joie

Vous comprenez pourquoi le réflexe spontané de l'ami des animaux, qui consiste à proclamer: « Il faut confisquer les animaux dès que leur maître est défaillant! », doit être bien mis en balance, pour que ce geste reste mûrement réfléchi? Parce qu'il est nécessaire d'en arriver à la conclusion que le chat ou le chien confisqués seront *moins malheureux* en refuge, dans un endroit où ils seront privés de liberté et d'affection, que chez eux. Autant dire que les sévices doivent être caractérisés. Et croyez bien qu'après un signalement des 4 Pattounes, lorsqu'un animal est retiré à son maître, j'éprouve du *soulagement* pour lui, mais jamais de la joie. Parce que je suis trop consciente de la triste situation dans laquelle il se trouvera une fois en refuge. Si l'animal est jeune, tonique et mignon, je me console en me disant qu'une gentille famille va bien vite craquer en l'apercevant et le retirer de cette institution. Mais quand c'est un chat âgé, ou un gros chien… Leurs chances ne sont pas très élevées de finir leurs jours ailleurs qu'en prison.

Il est même des cas, heureusement extrêmement rares, où les bénévoles ou salariés de refuges ne se comportent pas comme il le faudrait. Chacun a ses raisons que la raison ignore. J'ai croisé, au fil du temps, des membres d'associations dont les convictions me semblaient parfois dépassées ou singulières. Derrière des noms chaleureux ou des acronymes pompeux se cachaient parfois des personnes dont l'attitude pouvait poser problème. Sans en avoir toujours conscience, certaines pouvaient nuire à l'épanouissement des animaux. Il arrive que leur engagement soit animé par ce que j'appelle un motif négatif, c'est-à-dire une forme de colère envers les humains, voire globalement un certain dégoût de l'humanité.

J'ai également observé d'autres comportements problématiques tel le syndrome du sauveur particulièrement prononcé, souvent accompagné d'une certaine rigidité, d'un besoin constant d'éloges, ou encore marqué par une propension à un détournement d'argent facile, faits qui figurent parfois en une des journaux. J'ai aussi constaté chez certains un sentiment de supériorité qui se traduit par des querelles stériles entre associations. J'ai pris conscience de ces réalités lors de mes débuts dans la protection animale et cela a été un réel choc pour moi. Je ne m'y attendais absolument pas, persuadée que nous œuvrions tous pour la même cause, le bien-être animal.

Certains sont même condamnés pour avoir – un comble ! – commis des actes de cruauté. C'est arrivé en 2024 dans un refuge toulousain, où un salarié a été dénoncé pour avoir porté des coups de poing et de pied à certains pensionnaires à quatre pattes.

Il existe une dernière problématique des refuges : l'impossibilité d'y placer des animaux qui ont été confisqués judiciairement à leurs maîtres. En effet, ces lieux sont tellement saturés de pensionnaires que, parfois, on nous en refuse carrément l'accueil. C'est d'autant plus courant si c'est un gros chien qui a été violenté et qui présente des risques d'agressivité envers ses congénères. Il est arrivé dans ce cas que nous soyons obligés de le *rendre à son maître*. Imaginez le profond désarroi dans lequel se trouve celui qui vient d'obtenir, de haute lutte, un 99-1 et a éprouvé le soulagement de prendre un animal blessé, traumatisé, à un bourreau ! Le voilà, frustré et penaud, contraint de ramener l'animal dans l'enfer dont il croyait l'avoir sauvé, sans savoir ce qu'il adviendra de lui…

C'est l'un des effets terribles et paradoxaux d'une réalité qui, au départ, est positive : la sensibilisation accrue des forces de l'ordre et des magistrats à la cause animale, ainsi qu'une meilleure formation pour traiter les cas de maltraitance, ont conduit à une augmentation du nombre d'animaux confisqués. Mais comment gérer cet afflux de nouveaux arrivants dans des refuges qui, eux, ne sont pas plus nombreux ? Pour éviter les cas de figure déchirant, comme l'obligation de les rendre à leurs maîtres négligents ou violents, Les 4 Pattounes ont été les premiers à réunir dès 2023 des professionnels vétérinaires, avocats et policiers, éducateurs canins et architectes, pour créer le concept des *pavillons d'accueil.*

Car c'est bien la réalité dénoncée aujourd'hui : de nombreux animaux sortis de l'enfer sont parfois contraints d'y retourner faute de place dans les refuges classiques… C'est dramatique.

Leur trouver un endroit douillet et sécurisant reste notre priorité !

Dans ces pavillons, tout est conçu sur mesure pour optimiser le bien-être de l'animal et sa reconstruction. Au cœur d'un espace verdoyant, vaste et paisible, cet endroit répond à nos attentes pour cocooner au mieux les victimes : le chauffage l'hiver, les brumisateurs l'été, la sécurité et les jeux indispensables quelle que soit la saison, car, au-delà des nécessaires dépenses physiques et des interactions avec nos bénévoles, nous mesurons aussi l'importance des dépenses intellectuelles pour éviter l'apparition d'éventuelles stéréotypies évoquées plus haut.

Nos vétérinaires, habitués à soigner nos animaux dont la santé est très fragile les premiers temps, sont unanimes : le concept d'ensemble est parfaitement adapté pour assurer leurs soins, leurs besoins et leurs activités ainsi que leur sécurité. En effet, nous avons également mis en place une solution de vidéosurveillance pour démotiver d'éventuelles tentatives de « récupération » des animaux que certains propriétaires menaçants ont parfois envie de venir effectuer dans les refuges, ce qui est, évidemment, totalement inacceptable.

Si leurs vies n'ont pas de prix, ces pavillons en ont un. Nous faisons donc appel à la générosité des amis des animaux pour relever ce challenge, dans l'espoir de développer rapidement un maillage de ces installations sur l'Hexagone.

12

Il n'y a qu'une seule violence

« Alors, vous comprenez, j'étais tellement énervé, j'ai pris le chaton dans la main et je l'ai jeté très fort contre le mur du salon. Puis je me suis retourné, et j'ai vu que mon fils de quatre ans me regardait… » Jérôme marqua un silence. Dans les stages alternatifs à la peine, le silence surgit parfois au milieu des confessions. Mais ce n'est pas le silence buté de celui qui ne veut rien avouer, non, plutôt le mutisme saisissant de celui qui, pour la première fois, s'est aventuré dans une réflexion sur lui-même et se trouve frappé de stupeur par ce qui est inacceptable. Animés par un trio (policier, vétérinaire et éducateur canin), ces stages, aux vertus réellement pédagogiques, sont précisément destinés à lutter contre les récidives grâce à cette prise de conscience.

Jérôme s'était avant cela perdu dans des explications sur les raisons de son geste : il s'était énervé, disait-il, parce que le chaton avait renversé une babiole, je ne sais plus laquelle, tellement l'explication me semblait incongrue et la riposte disproportionnée. Je devais faire un effort considérable pour prendre de la distance, ne pas me laisser engloutir par l'émotion et par ces images, celle du chaton roux meurtri, celle du petit bonhomme de quatre ans témoin de cette horreur. Je décidai de prendre la parole. « Vous avez, vous aussi, été témoin ou victime de violence étant plus jeune ? »

Le regard de Jérôme s'assombrit brutalement. Manifestement, il ne s'attendait pas à cette question. Il prit appui sur la table qui nous séparait, comme si ses jambes ne le portaient plus. Les mots ne sortaient plus de sa bouche. Il fixait la table d'un air grave. À cet instant, ce trentenaire réalisa qu'il existait un lien indéfectible entre le fait d'être témoin ou victime de maltraitances et d'en devenir l'auteur. Car oui, Jérôme avait été victime de violence plus jeune. Et, oui, ayant de grandes difficultés à contrôler ses pulsions il reproduisait aujourd'hui ce comportement délétère, assouvissait ses pulsions d'une extrême violence sur des êtres fragiles. Certains membres de sa famille avaient peur de lui.

Les luttes contre les violences, loin de s'opposer les unes aux autres, à l'image des vases communicants, s'additionnent, s'allient. Batailler contre les unes aide à combattre les autres. Ce n'est pas une croyance infondée : se pencher sur les violences commises sur les animaux de compagnie permet *concrètement* de détecter les violences ayant cours dans les foyers, ainsi que les mauvais traitements infligés aux femmes et aux enfants. Empêcher un homme de maltraiter son chat, son chien, de l'enfermer à la cave, de l'affamer, de le rouer de coups et parfois d'exercer des agressions sur lui à caractère sexuel permet *concrètement* de l'empêcher de nuire aux humains qui l'entourent. Ne parlons-nous pas là des priorités des forces de l'ordre ? Eh bien, si.

Ce sont des faits, attestés par de solides et nombreuses études scientifiques : il existe une très forte corrélation entre la probabilité de commettre des violences sur les animaux et celle d'en commettre contre des membres de sa famille. S'intéresser à l'un, c'est commencer à se pencher sur l'autre, et vice versa. Lutter contre l'un, c'est entamer un combat contre l'autre. Cette corrélation est si claire, si nette et si avérée que, dans les pays anglo-saxons, la littérature scientifique l'appelle « the Link » – autrement dit « le Lien », avec une majuscule, ce qui montre son caractère massivement démontré et validé. Il n'y a qu'une seule violence, celle qui libère une pulsion, dénoue temporairement une frustration, donne un sentiment éphémère de toute-puissance face à une victime. Cette dernière importe peu, il peut s'agir de femmes, d'enfants ou d'animaux, réduits à l'état de défouloir interchangeable au gré du temps. C'est un « mode de communication » dysfonctionnel qui traduit un besoin compulsif de dominer, de se défouler sur « l'autre », un manque d'empathie, voire un certain sadisme.

« On n'a pas deux cœurs, un pour les animaux et un pour les humains. On a un cœur ou on n'en a pas. » La citation, sans doute apocryphe, attribuée à Alphonse de Lamartine, me plaît beaucoup. Tout comme l'expression « avoir du cœur », qui signifie « être généreux », car elle définit le sujet lui-même comme un être tourné vers l'autre, peu importe que cet « autre » soit une personne ou un animal.

Il y a bien longtemps que les spécialistes américains des tueurs en série ont relevé que ces personnes criminelles, quand on les interroge sur leur enfance, rapportent toutes ou presque qu'elles ont eu des gestes violents, parfois d'une extrême cruauté, contre des animaux. Il pouvait s'agir pour eux d'un moment de bascule, d'une forme de « révélation » de leur goût pour la souffrance et le sang versé. Faire souffrir un animal est en effet, pour l'enfant, pour l'adolescent, une manière d'assouvir des pulsions violentes sans se faire trop repérer par la société. Depuis longtemps, les psychologues et criminologues anglo-saxons savent que détecter ce genre d'actes le plus précocement possible, s'entretenir à leur sujet avec l'enfant est une manière d'attaquer le mal à la racine: on tente d'apaiser des pulsions monstrueuses avant qu'elles ne grandissent, mûrissent et s'orientent vers les humains.

Un « mode d'existence » violent

Comme évoqué précédemment, voilà plusieurs décennies que des associations américaines et des travaux de chercheurs affichent un sigle très révélateur, celui du Link, le fameux « Lien ». Il est composé de trois, parfois quatre anneaux entrelacés, ressemblant un peu à ceux des Jeux olympiques. Dans chacun de ces anneaux sont inscrites des notions: « Mauvais traitements sur enfant », « Mauvais traitements sur personne âgée », « Violences domestiques » et « Mauvais traitements sur animal ». Tous les anneaux ont la même taille et tous s'interpénètrent les uns les autres, comme le signe d'un irréfutable lien qui les unit.

Il est fréquent que les personnes ayant une tendance prononcée à exercer des violences à l'encontre de leur conjoint ou de leurs enfants – ce que l'on regroupe sous l'appellation « violences familiales » – présentent une forte propension à exercer également des brimades sur le chat ou le chien du foyer.

Parfois c'est l'inverse, elles commencent à se défouler sur l'animal durant plusieurs années avant de se tourner vers le reste de la famille. Mais le plus souvent ces violences sont concomitantes. Elles sont comme un « mode d'existence » pourrait-on dire, qui règne sur la famille, un mode imposé par la personne violente et que subissent tous les autres membres, un peu comme une malédiction.

Ils constituent un faisceau de présomptions scientifiquement étayées, auxquelles, à l'instar du « Link », les institutions françaises ont donné un nom que je trouve très pertinent, « Une seule violence[1] ». Oui, c'est bien vrai, il n'existe qu'une seule violence.

Les psychologues qui se sont penchés sur le sujet affirment que, sur fond d'addictions souvent, la personne violente n'a qu'un seul rapport avec la sphère familiale : l'obsession farouche d'asseoir sa domination, de libérer une pulsion ou une frustration – au final peu importe la victime destinataire de mots humiliants, de traitements dégradants, de menaces destinées à terroriser, ou de coups. Que l'autre soit un enfant, une compagne ou un chien n'est, à ses yeux, qu'un détail.

Le besoin compulsif de dominer, de se défouler sur « l'autre », ou bien encore une tendance sadique ou le manque d'empathie, sont autant de raisons qui poussent les auteurs de violences à agir sur les plus faibles.

J'écris « une compagne » sans hésiter, car les chiffres prouvent que, dans la grande majorité des cas, les auteurs de maltraitances sont de sexe masculin : 73 % de ce que le ministère de l'Intérieur français nomme des « délits envers les animaux » sont commis par des hommes. Et cette proportion s'élève à 81 % quand il s'agit de sévices graves[2].

1. Du nom d'un important colloque organisé par le sénateur Arnaud Bazin, le 17 mars 2023. L'objectif des différents intervenants, dont je faisais partie, était de partager des témoignages, des études mettant en lumière cette corrélation et les signes évocateurs de la violence, mais aussi d'optimiser le repérage possible et le signalement pour anticiper la prise en charge globale des victimes. Pour moi, cette journée a été le premier vrai coup d'envoi de la lutte contre les violences familiales au sens large en France.

2. « Les atteintes envers les animaux domestiques enregistrées par la police et la gendarmerie depuis 2016 », Interstats 51, octobre 2022 (https://mobile.

Pourquoi cette différence d'implication entre les deux sexes ne nous étonne-t-elle pas, du moins pas vraiment ? Pourquoi la dénomination « agresseur » nous apparaît-elle surtout sous des traits masculins ? Sans doute parce qu'il est évident pour nous tous que la maltraitance à l'égard des animaux de compagnie s'inscrit dans un panel plus vaste de violences et de dominations exercées par la gent masculine. C'est bien la preuve que ces violences contre les animaux ne sont pas à classer « à part ».

Aux États-Unis il existe une association, appelée la National Link Coalition, qui regroupe des personnes issues de nombreux champs professionnels (vétérinaires, criminologues, juristes, psychiatres, travailleurs sociaux...) mettant en commun leurs savoirs pour documenter la violence sur les animaux, dans le but de mieux la combattre. Il y a quelques années, la Coalition a rassemblé des statistiques tout à fait édifiantes sur le lien entre les diverses expressions de la violence en général, celle des criminels endurcis, des tueurs en série, comme celle que l'on appelle communément les « tyrans domestiques ».

Ce que nous apprend la National Link Coalition[1] concerne la population américaine, et ce sont des données datant parfois des années 1980 ou 1990. Mais il y a fort à parier que dans la France actuelle elles seraient, à quelques détails près, tout aussi appropriées. On apprend tout d'abord que 98 % des propriétaires de chats et chiens les considèrent comme des membres

interieur.gouv.fr/Interstats/Actualites/Les-atteintes-envers-les-animaux-domestiques-enregistrees-par-la-police-et-la-gendarmerie-depuis-2016-Interstats-Analyse-N-51).

1. https://nationallinkcoalition.org/wp-content/uploads/2013/01/LinkSummaryBooklet-16pp.pdf

à part entière de la famille. C'est à ce titre, justement, qu'ils sont, comme je le disais, la proie de violences intrafamiliales.

« La maltraitance et la négligence envers les animaux font souvent partie d'une constellation complexe de dysfonctionnements familiaux », écrit la National Link Coalition. « Cette constellation constitue un signal d'alarme pour d'autres comportements violents. Inclure le Link dans les politiques et la pratique pourrait donc permettre aux professionnels d'intervenir plus tôt pour détecter et prévenir les abus. Pour atteindre cet objectif, il est essentiel que la communication et la coopération entre les diverses entités et les services sociaux soient renforcées. »

Par exemple, 70 % des personnes condamnées pour cruauté envers les animaux étaient connues des services de police pour d'autres comportements violents, allant jusqu'au meurtre. Près de la moitié (48 %) des personnes condamnées pour viol et 30 % de celles condamnées pour des agressions sur des enfants avouent avoir commis des maltraitances animales pendant l'enfance ou l'adolescence.

Dans la sphère des violences domestiques, la corrélation est tout aussi nette : la National Link Coalition souligne ainsi que des antécédents de maltraitance sur chats et chiens comptent parmi les quatre indicateurs les plus significatifs pour prédire si une personne risque, ou non, de devenir un agresseur. Quelque 71 % des femmes battues ont déclaré que leur partenaire avait blessé, tué ou menacé leurs animaux de compagnie. La grande majorité (87 %) de ces événements se sont déroulés en présence de la femme et, dans 62 % à 75 % des cas, des enfants. Dans 60 % des familles maltraitantes envers les enfants, la violence sur les animaux a été signalée. Et cette corrélation atteint carrément les 88 % quand ces maltraitances sur enfant sont physiques, et pas seulement psychologiques.

Contagion

On pourrait imaginer qu'un enfant qui a subi des agressions et/ou qui en a vu perpétrer sur son animal de compagnie deviendra, plus tard, un défenseur résolu de la cause animale ? C'est, hélas, exactement l'inverse qui se produit : l'enfant agressé ou témoin d'agressions présente de forts risques de se muer lui-même en agresseur. Et pas forcément à l'âge adulte, car parfois cela survient très tôt dès l'enfance.

En effet, ce n'est un secret pour personne, nos enfants sont des « éponges » hypersensibles, qui captent tout ce qui circule au sein de la cellule familiale, le dit comme le non-dit, les valeurs comme les secrets. La violence compte parmi ces « substances » ingérées, qui conditionnent des comportements présents et futurs. D'ailleurs, le Code pénal français considère, à juste titre, comme une « circonstance aggravante » le fait de commettre des sévices graves et des actes de cruauté en présence d'un mineur, ce qui alourdit gravement les sanctions encourues.

Ce n'est donc pas un hasard si, dans un tiers des familles maltraitantes envers les enfants, ces derniers maltraitent eux aussi des animaux, qu'ils utilisent comme « défouloirs » pour exprimer leur colère. Les enfants victimes d'abus sexuels présentent cinq fois plus de risques que les autres de devenir des agresseurs d'animaux. Les enfants témoins de cruautés sur des animaux ont huit fois plus de risques que les autres d'en devenir les auteurs. Voilà pourquoi il est si important d'intervenir le plus tôt possible pour faire cesser ces violences : parce qu'il s'agit non seulement de sauver l'animal, mais aussi, d'une certaine manière, de sauver les membres d'une famille en souffrance. Il s'agit, de surcroît, de briser un cycle de violence qui, faute d'action, se perpétuera plus tard dans un nouveau foyer. La violence ressemble à un incendie sournois :

si vous intervenez trop tard pour l'éteindre dans un foyer, il se rallumera quelque temps après dans un autre, quand les agressés deviendront à leur tour des agresseurs.

Je ne cite ici qu'une infime partie des études regroupées par la National Link Coalition : elles sont nombreuses, très claires, concordantes, et je pense que vous vous poserez la même question que moi lorsque je les ai découvertes : pourquoi sont-elles si mal connues en France, pour ne pas dire, jusqu'à ces dernières années, absolument ignorées des pouvoirs publics ? Les questions de violences domestiques aux États-Unis et en Europe étant similaires, pourquoi aucun ministère français, aucune direction, aucun institut n'ont-ils eu l'idée de commander des enquêtes sur le sujet ? La réponse semble assez évidente : personne n'a vu l'éléphant dans la pièce, parce que nous avons tendance à accumuler des sujets dits prioritaires et urgents, sans prendre de la hauteur pour gagner en efficacité.

En 2023, reçus à Beauvau par le conseiller de Gérald Darmanin, ministre de l'Intérieur du moment, nous avions inclus cette préconisation dans nos axes d'amélioration possibles pour optimiser à court, moyen et long terme la prise en compte de la maltraitance animale tant sur le volet de la prévention que de la sanction. La gestion opérationnelle étant similaire et interdépendante : mettre à l'abri la victime et interpeller l'auteur des faits.

Au quotidien, dans nos formations, nous invitons fortement nos collègues policiers ou gendarmes confrontés à des violences interfamiliales à demander aux victimes si l'animal de compagnie du foyer a, lui aussi, subi des violences.

De même, il faut que les services sociaux qui interviennent auprès des familles aient la présence d'esprit d'observer, de noter et de dénoncer l'état physique des animaux présents dans le foyer comme un indice susceptible de fournir des informations intéressantes.

Aux États-Unis, 92 % des services intervenant pour la protection des personnes âgées constatent que la négligence envers les animaux coexiste avec le cas de personnes incapables de prendre soin d'elles-mêmes. Autrement dit, là encore, la souffrance de l'animal de compagnie est un *signe* qui, si on le prenait en compte, permettrait non seulement de sauver un chat ou un chien, mais aussi d'identifier un cas de personne qui court un danger ; car elle se met en danger.

Un second exemple : dans certaines cités populaires, où la délinquance et les trafics de diverses natures ont cours, on sait que quelques individus violents, bien connus des services de police pour leurs délits, se livrent aussi à du trafic d'animaux et, quelquefois, à de la maltraitance sur leurs animaux de compagnie ou ceux qu'ils élèvent, souvent en toute illégalité. Détecter la mauvaise condition physique de ces animaux peut permettre d'identifier des personnes qui, comme on dit, devraient intéresser la justice. Là encore, une corrélation existe, pas seulement aux États-Unis.

Je me réjouis tout de même qu'un pas important ait été accompli : le sénateur Arnaud Bazin a permis deux amendements qui ont profité aux victimes de violences conjugales. Désormais elles pourront quitter le domicile avec l'animal même s'il est identifié au nom de l'auteur, afin de ne pas différer le départ et les mettre en danger. Par ailleurs, la souffrance de l'animal de compagnie est un des items permettant de déclencher une enquête sociale plus large, destinée à écarter tout risque de violence généralisée.

Actuellement, la loi française prévoit bien qu'en cas de signalement d'actes de maltraitance animale au sein d'un foyer avec des mineurs une enquête sociale soit réalisée par l'Aide sociale à l'enfance. C'est une belle avancée. Je suis convaincue qu'il n'y aurait que des avantages à intégrer le traitement judiciaire des atteintes portées sur les animaux dans un sous-groupe rattaché au sein de la Brigade de protection de la famille. Car je ne le répéterai jamais assez : l'animal de compagnie est un membre à part entière de la famille.

Il me semble que si les États-Unis nous devancent à ce point, c'est parce que leurs institutions ont compris depuis longtemps que la prise en compte des animaux de compagnie favorise de meilleures conditions de travail, notamment pour gérer plus efficacement les situations à risques. Culturellement, les Américains sont des pragmatiques : tous les éléments à leur disposition qui peuvent leur permettre de mieux résoudre un problème sont à prendre en compte. Nous y parvenons très lentement, mais la culture cartésienne dont j'ai déjà parlé nous empêche, hélas, de mettre sur le même plan les préoccupations que nous avons pour les humains et pour les animaux. C'est le fameux « il y a d'autres priorités ».

C'est absurde. D'abord parce que la France reconnaît officiellement que « tout animal » est « un être sensible », cela figure dans l'article L 214-1 du Code rural dont j'ai déjà parlé. Et qu'il ne viendrait plus à l'idée de grand monde de dire qu'un chien, un canard ou une vache ne ressentent pas la douleur, la peine, l'affection pour leurs petits, etc. Prendre en considération l'existence des violences commises sur les animaux permet de mieux détecter, donc de mieux traiter, celles commises sur les humains. Elles n'ont qu'un seul visage, toujours le même.

13

Proches des animaux, pas forcément bien traitants

Permettez-moi une digression au sujet des colliers coercitifs, plus particulièrement de leur usage abusif, nocifs pour l'animal. À l'heure où j'écris ces lignes, ils sont en passe d'être interdits. En effet, la députée de la Haute-Garonne Corinne Vignon, dont j'ai déjà parlé, a déposé cette proposition de loi à l'Assemblée nationale en janvier 2023. Si cette loi voit le jour, elle va sans doute changer les pratiques dans le bon sens, chez les particuliers comme au sein des forces de sécurité.

Les colliers de dressage coercitifs sont utilisés pour contraindre le chien. Ils englobent ceux à décharge électrique, les colliers étrangleurs sans boucle d'arrêt, ou encore à pointe. Si surprenant que cela puisse paraître, ils sont tous autorisés aujourd'hui en France, alors même que plusieurs rapports de vétérinaires démontrent que ces colliers coercitifs provoquent non seulement un stress terrible chez l'animal, mais aussi des douleurs aiguës, et non sans séquelle. Les chiens soumis à ces « colliers de travail » peuvent développer des troubles du comportement, devenir excessivement agressifs et donc dangereux.

J'ai moi-même pu constater des blessures, plus précisément des brûlures, autour du cou de certains malinois, dues très probablement à ces instruments de torture.

Le problème des sociétés de sécurité

Disons cependant que, dans le fond, le problème n'est pas tant en soi le collier coercitif, dont le plus connu reste celui nommé « étrangleur », qui n'est qu'un outil ; le problème se pose quand cet outil se retrouve entre les mains de personnes ou de membres d'une profession qui n'est pas assez réglementée ni contrôlée, je veux parler des sociétés de sécurité. Naturellement, il existe des professionnels compétents et sérieux, qui sont les premières victimes de leurs homologues dysfonctionnels.

À l'occasion des Jeux olympiques de Paris, Les 4 Pattounes ont largement sensibilisé les forces de l'ordre et invité le public à une attention particulière sur les chiens de sécurité, ces loulous parfois surexploités, qui passent de mains en mains, enchaînant les vacations de travail – là où la loi impose un repos à l'issue des douze heures effectuées.

Pour tous nos concitoyens, ces Jeux ont représenté un événement incroyablement festif et joyeux ; les médias ont même, rappelez-vous, parlé d'une « parenthèse enchantée ». J'ai partagé cet enchantement, ayant la chance, en tant qu'officier de police, de me rendre sur les sites parisiens des JO. Et j'ai eu, au passage, le plaisir immense d'être accueillie chaleureusement par des collègues qui avaient reçu une formation des 4 Pattounes dont ils avaient gardé un souvenir très positif. Certains m'ont même montré notre écusson frappé de quatre pattes qui leur avait été donné et qu'ils avaient gentiment conservé.

Mais les Jeux olympiques n'ont pas uniquement représenté une grande fête, hélas, pour les défenseurs des animaux. Car vous imaginez sans peine qu'un événement de cette ampleur a nécessité la présence de nombreux agents de sécurité, de jour comme de nuit.

Le sort de ces chiens aurait dû préoccuper et émouvoir la société. Pourquoi ? D'abord parce que leur nombre a été anormalement élevé – à hauteur, bien entendu, des besoins immenses en maîtres-chiens de cette fête mondiale du sport. Or personne ne s'est demandé comment ils avaient été formés. Ni quelles étaient leurs réelles conditions de travail, ou bien encore ce que leurs chiens allaient devenir une fois que l'événement serait clos, et qu'un certain nombre d'emplois disparaîtraient. La réponse est tragiquement simple : certains chiens vont continuer de travailler pour la sécurité privée, mais une proportion non négligeable a été très probablement redirigée vers les refuges, purement et simplement.

Et que deviennent-ils ? On peut supposer que quelques-uns seront adoptés, mais les refuges savent, malheureusement, que certaines races de chiens séduisent moins les familles. Parmi eux il y a les malinois, qui ont un peu des allures de bergers allemands, très utilisés par les maîtres-chiens.

Les malinois sont connus des amateurs pour aimer « travailler ». J'entends par là qu'ils réclament constamment de l'occupation, aiment réussir des épreuves et découvrir des exercices nouveaux. Ce sont des conditions parfaites pour faire d'eux de bons chiens auxiliaires, mais une fois dressés au mordant, ou à l'intervention défense, il y a à craindre qu'ils ne puissent pas rejoindre des foyers avec enfants, où les parents sont déjà très occupés. Surtout si ces chiens ont reçu une

« éducation » qui, en réalité, a relevé du dressage archaïque et violent.

Car il faut rappeler ce fait connu des associations de défense des animaux, témoins de situations dégradées : beaucoup de ces entreprises privées de sécurité sont des catastrophes pour le bien-être des chiens.

Mais les contes de fées sont rares pour les chiens des sociétés de sécurité. Certains d'entre eux, faute d'avoir été accueillis dans un habitat digne de ce nom, ont vu leur santé mentale se dégrader. Ces animaux maltraités, traumatisés, se transforment quelquefois en bombes à retardement : ils deviennent incontrôlables, agressifs, mordent… et les refuges qui les recueillent doivent se résoudre, par mesure de sécurité, à les laisser toute la journée derrière les barreaux. Pas besoin d'être grand clerc pour deviner qu'évidemment aucun ne sera jamais adopté.

Il arrive même que les refuges refusent purement et simplement les malinois, tout comme les staffs, autre race dont les familles ne veulent pas car jugée dangereuse. Ils font ce choix à contrecœur, mais leurs moyens sont trop réduits pour qu'ils puissent se permettre d'accueillir des animaux que personne ne souhaitera emmener chez lui et qui, jusqu'à leur mort, vont donc occuper des espaces si précieux.

Chevaux de course et de trait

Continuons d'explorer les cas de professions proches des animaux mais qui ne les traitent pas toujours bien, par exemple la filière hippique. Dans sa réglementation de 2025, celle-ci a pris la sage décision d'inscrire l'interdiction des coups de cravache, et elle réaffirme sa volonté de lutter contre le dopage. Mais il faut le rappeler : les courses hippiques sont dangereuses, tant pour le cheval que pour le jockey. Entre 2009 et 2021, plus de 7 200 chevaux ont trouvé la mort ou été euthanasiés rien qu'aux États-Unis, à la suite de maladies ou de blessures liées à cette pratique[1].

Il existe un peu plus d'un million d'équidés en France, dont 700 000 sont des chevaux dits « de selle », 200 000 des chevaux de trait, et le reste des chevaux de course. Naturellement, et fort heureusement, la majorité d'entre eux sont aimés et choyés… mais leur entretien a un coût sur le court, moyen et long terme, quand on sait qu'un cheval vit en moyenne trente ans. Et évidemment, les dernières années de leur existence sont souvent caractérisées par une fragilité accrue, un besoin important de surveillance et de bienveillance.

Le grand public l'ignore, mais les populations d'équidés font aussi quelquefois l'objet de mauvais traitements, qui relèvent plus souvent de négligences que de violences volontaires mais n'en sont pas moins graves. Cela tient au fait, à mon sens, que beaucoup de gens s'adonnent à l'équitation qui, rappelons-le, est le troisième sport le plus pratiqué dans notre pays, loin devant le basket et le judo, sans toutefois toujours prendre conscience des besoins réels des équidés.

La plupart des gens qui font l'acquisition d'un cheval ne se posent pas toujours les bonnes questions : ils se demandent quel est son prix et celui de son entretien, ce qui est compréhensible, mais sont-ils bien conscients que, dans deux ou trois décennies, il leur faudra encore être sur terre pour veiller sur lui ? Se rendent-ils compte qu'une fois disparus, leurs enfants, leurs amis ne pourront pas s'occuper de ces animaux aussi facilement qu'ils le feraient d'un chat ou d'un chien ? Pas tous, hélas.

1. Selon l'organisme The Jockey Club, responsable du registre des pur-sang.

Je me souviens du cas d'une jument qui nous a été signalée. Elle avait appartenu à une jeune femme qui un jour, prise sans doute par d'autres priorités, ne s'en était plus occupée. Et c'est sa mère, assez âgée, qui s'était efforcée de la prendre en charge, ainsi qu'un cochon et quatre chiens. La jument n'avait pas reçu les soins appropriés, car bien sûr, cette dame avait rapidement été débordée par la tâche : elle avait, par exemple, eu l'idée de la couvrir d'une couverture et de – trop – bien serrer le licol pour qu'elle ne glisse pas. L'intention était certainement bonne, mais le tissu a commencé à s'incruster doucement dans la chair même de l'animal et à l'infecter.

Il a fallu lui administrer trois jours d'antibiotiques et l'anesthésier. Puis, heureusement, elle a fini par rejoindre le refuge d'une association du Tarn-et-Garonne, Les 3 Dindes.

Il faut rappeler que l'entretien d'un équidé coûte cher en nourriture, qui doit être donnée en abondance : le cheval consomme entre cinquante et cent kilos d'herbes tous les jours auxquels s'ajoutent du foin, de la paille, des graines de céréales diverses, des fruits… Ces animaux ont aussi des sabots de corne qui poussent de l'ordre d'un centimètre par mois et nécessitent donc d'être limés régulièrement : un maréchal-ferrant doit intervenir tous les mois et demi pour cette besogne, ce qui coûte une certaine somme, on l'imagine aisément.

Les équidés ont bien sûr besoin d'un abri de bonne taille et d'un changement régulier de champ pour paître comme ils en ont besoin. Ils souffrent en outre de maladies souvent coûteuses à traiter, surtout quand ils vieillissent : les vétérinaires équins interviennent fréquemment pour traiter des problèmes de dents, qui induisent des soucis de digestion, ou encore des coliques et des ulcères à l'estomac. Ici aussi, le projet d'adoption doit être mûrement réfléchi pour répondre sur le long terme aux besoins de ces animaux majestueux.

14

Tant de combats à mener…

Laissez-moi vous raconter l'histoire de Sam et de ses rebondissements entre les services susceptibles d'intervenir. Cette histoire se termine bien, heureusement, mais elle en dit long sur les dysfonctionnements administratifs qui existent encore dans notre pays et nous empêchent, sur le terrain, de bien travailler.

Sam est un petit berger australien avec un pelage feu et blanc, et un regard couleur noisette qui transpirait la détresse. Quand plusieurs interlocuteurs, dont le 17 et la Direction départementale de la protection des populations (DDPP), ont reçu un signalement le concernant, il n'était plus qu'un sac d'os de dix kilos délaissé sur un balcon. Il aurait dû, normalement, peser une vingtaine de kilos supplémentaires.

Composée de vétérinaires en charge principalement de la surveillance et de la sécurité sanitaire des aliments, la DDPP a des missions qui diffèrent de la lutte contre la maltraitance animale comme décrite jusqu'ici ; autrement dit, le cas de Sam n'entre pas dans leurs attributions. Même si aucun vétérinaire du service ne pouvait ignorer qu'un berger australien de son âge aurait dû peser une vingtaine de kilos supplémentaires, l'argument n'a pas suffi à déclencher officiellement une prise en charge, ou tout au moins la saisine d'un service idoine. Il en a été de même côté police.

Heureusement, ce signalement est arrivé à nos oreilles fortuitement. En une seule journée, Les 4 Pattounes ont porté plainte contre son propriétaire, un équipage de police s'est rendu sur place, a constaté l'urgence vitale dans laquelle se trouvait ce petit loulou frigorifié, et la magistrate saisie a autorisé sa confiscation provisoire pour le mettre en sécurité. Au départ, cette dernière n'était pas décidée à nous le confier, prétextant que Les 4 Pattounes ne possédaient pas de refuge. Il a donc fallu batailler pour faire valoir que notre association était qualifiée pour prendre des animaux sous son aile en famille d'accueil – le risque étant de devoir le restituer à la propriétaire défaillante faute de place dans les autres associations et refuges contactés.

Cela en dit long : j'ai souvent cet étrange sentiment de devoir convaincre les autorités compétentes de la droiture et la pertinence de nos actions, plus que ne le font les auteurs mêmes des infractions quand ils sont invités à rendre compte de leurs actes ! Quelle perte de temps et d'énergie, c'est désolant… Mais loin de me démotiver, cela redouble ma conviction qu'il faut poursuivre nos actions.

Ici donc, la situation administrative précaire de Sam aurait pu s'éterniser et maintenir cette épée de Damoclès au-dessus de sa tête : le risque qu'on doive, un jour, le restituer à son ancienne propriétaire. Heureusement, grâce au professionnalisme des policiers sur le terrain, cette dernière a accepté de signer un certificat de cession au profit de notre association.

Depuis Sam coule des jours heureux, il a repris du poids et de la force.

Aux 4 Pattounes, nous sommes très souvent confrontés aux limites des lois et des règlements français, qui parfois ne sont clairement pas adaptés aux réalités du terrain. Comme je l'ai déjà écrit précédemment, les femmes victimes de violences conjugales s'interdisent encore trop souvent de quitter leur conjoint, en raison de la présence d'un animal de compagnie dans le foyer. Ou, plus exactement, à cause du fait que beaucoup des lieux destinés à l'accueil des victimes de violences conjugales et intrafamiliales (les hôtels d'urgence, les foyers…) refusent les animaux.

Il m'a fallu me frotter aux pratiques du terrain pour découvrir qu'en France des animaux pouvaient mourir dans le silence le plus total, sans même qu'il y ait d'infraction ou d'auteur… Imaginez que votre voisin soit frappé par une crise de démence, que vous l'entendiez hurler, se jeter contre les murs, proclamer qu'il va tuer toute sa famille, qu'il va buter son chien le premier. Vous appelez rapidement les pompiers ou les policiers. Ces derniers arrivent, pénètrent dans l'appartement, maîtrisent l'individu, referment la porte et le transportent vers le service d'urgence psychiatrique le plus proche. Tout est bien qui finit mal…

Car quid du chien ? Qui va s'occuper de lui, puisque, rappelons-le, le domicile est protégé par la propriété privée ? Combien de temps va-t-il rester seul à attendre avant que, parfois, les privations le mènent à la mort ?

En décembre 2024, nous avons décidé d'approcher pas moins de 4700 cliniques et hôpitaux de France. Comme eux, nous aidons les plus fragiles, et l'expérience nous conforte dans l'idée que la sensibilisation du plus grand nombre reste un levier incontournable à la prise de conscience collective, pour faire avancer la cause. Nous avons présenté les partenariats locaux que nous avons noués, notamment avec les services d'urgences et les hospitalisations en psychiatrie, qui accueillent souvent des personnes isolées. Nous leur avons transmis un questionnaire utile pour leur permettre de recenser ces situations, et ainsi ne plus les négliger.

Par ailleurs, nous avons apporté notre modeste contribution à une proposition de loi, à l'étude sur le bureau de la députée Corinne Vignon et le sénateur Arnaud Bazin. Elle concerne les cas où les propriétaires sont dans l'incapacité de continuer à prendre en charge leurs animaux en raison d'une hospitalisation médicale, d'une incarcération, etc. Il s'agit donc d'instaurer un cadre juridique qui permettra aux associations d'héberger ces animaux, de leur offrir des soins appropriés pour assurer leur survie et les restituer à leurs propriétaires une fois que ceux-ci seront en mesure de les récupérer.

Absurdités

Depuis la loi de 2021 seulement, tous les vétérinaires peuvent signaler au procureur de la République des faits caractéristiques d'une maltraitance animale. Ce n'est pas une obligation mais cela constitue un bon début, un premier pas sur un long chemin. Pendant longtemps, non seulement ces professionnels de la santé animale n'étaient pas encouragés par la loi à signaler les violences commises sur des animaux, mais il leur était même *interdit* de le faire directement auprès du parquet, c'est-à-dire auprès de la justice ! En effet, les constatations faites dans leurs cabinets étaient considérées comme couvertes par le secret médical, ce qui les contraignait au silence sous peine de se mettre en infraction.

La seule possibilité légale qui leur restait quand ils recevaient dans leur cabinet des animaux manifestement amaigris, traumatisés ou blessés, était d'entrer en contact avec la Direction départementale de la protection des populations (DDPP) ; mais, je l'ai déjà dit, la DDPP est composée de vétérinaires spécialisés dans les animaux d'élevage et elle a été configurée principalement pour intervenir en cas d'épizootie dans des fermes ou des abattoirs. Elle n'est aucunement outillée pour intervenir sur des cas de maltraitances commises envers des animaux de compagnie. Donc, quand bien même un vétérinaire en cabinet avait l'idée de signaler une affaire de violence, et l'on peut supposer que cela a dû arriver bien des fois, son signalement se perdait dans les limbes de l'administration.

Cette mesure incongrue a heureusement été modifiée par la loi Dombreval du 30 novembre 2021 : les vétérinaires sont invités à lever le secret professionnel pour « signaler tous sévices graves, sévices de nature sexuelle et autres actes de cruauté ». Mais, étrangement, ils ont toujours interdiction d'appeler la police ou la gendarmerie (même si, dans les faits, il y a des trous dans la raquette !), ce qui fait perdre un temps précieux à toute la chaîne d'intervention. Car parmi les 30 000 dossiers en cours d'instruction, une fois le magistrat du parquet prévenu, il faut que celui-ci donne instruction aux forces de l'ordre, ce qui peut prendre parfois beaucoup de temps. Imaginez : si l'animal se trouve entre la vie et la mort, il a évidemment le temps de succomber aux mauvais traitements de ses tortionnaires.

Cependant il faut noter que, contrairement à ce qui se pratique aux États-Unis, le vétérinaire français n'est toujours pas *dans l'obligation* de signaler un cas qui lui paraît suspect. C'est le facteur humain, encore une fois, qui joue le rôle de variable d'ajustement : le professionnel de santé animale aura-t-il l'envie, le courage, le temps d'alerter les autorités? Cela ne dépend que de lui. Il faut intégrer le fait que comme sa démarche concerne des personnes qui sont ses clients, elle pourra engendrer un manque à gagner, et surtout qu'il pourra être lui-même victime de représailles.

La loi évolue, encore faut-il qu'elle puisse être effectivement appliquée. De nombreuses mesures en faveur du bien-être animal sont annoncées par de hautes autorités. Cependant, faute de moyens, de disponibilité, elles tardent à être appliquées.

Prenons par exemple la nomination des 4000 référents « maltraitance animale » désignés depuis le 1er avril 2023. C'est une excellente initiative, d'ailleurs quelque peu inspirée de nos préconisations soufflées, l'été précédent, à l'occasion de l'une de nos formations en ligne. Quatre mille, c'est un chiffre impressionnant qui laisse supposer un effort majeur, soit 1 000 référents au sein des commissariats et 3000 dans les gendarmeries. Mais comment ont-ils été nommés? Ils ont été désignés par leurs services sans critère précis ni harmonisé. Ce qui signifie que leurs motivations, leurs potentielles compétences et leur appétence pour la question animale restent une énigme. Les retours du terrain révèlent qu'on a attribué quelquefois cette fonction à des personnes qui n'ont ni le temps, ni la connaissance, ni l'envie de l'exercer… ou encore à des hommes de paille partis à la retraite le mois suivant. Pour l'ensemble, le manque de formations institutionnelles (lesquelles ont été largement palliées par celles des 4 Pattounes) ne présage pas d'une volonté de porter le projet à son efficience maximale.

La justice, pas la vengeance

Sur toutes ces questions en suspens, comme sur tout ce qui reste à accomplir pour que notre pays lutte vraiment en profondeur contre les maltraitances animales, vous aurez compris que ce qui me porte – au-delà du bonheur que je lis dans les yeux des loulous sauvés –, c'est l'indignation. Indignation face à l'ampleur des chantiers, face à l'incompréhension qu'il y a urgence à agir, et plus encore face aux habitudes, aux inerties, aux paresses et à tous ceux qui regardent ailleurs. Cette colère est une force, un levier, une catapulte. Mais je veux préciser qu'elle ne s'est jamais transformée en mépris ou en haine contre les individus auteurs des violences. Le moteur qui m'a permis d'avancer n'a jamais été négatif, et je pense que c'est un élément qui a son importance.

De fait, jamais dans l'action des 4 Pattounes il n'a été question de *vengeance*. Toujours il ne s'est agi que d'œuvrer en faveur de la justice, une justice qui ne s'applique plus simplement aux humains, mais englobe nos compagnons de joie et de souffrance. C'est l'idée de sauver des animaux pour lesquels j'ai un amour débordant et envers lesquels, plus généralement, je me sens une immense responsabilité qui est mon carburant. En tant qu'officier de police, et en tant que femme, mon objectif n'a jamais été *en soi* de punir, de sanctionner. Mais de contribuer à rétablir un peu d'équilibre, d'harmonie, un peu d'ordre dans la société.

Bien évidemment, je suis extrêmement satisfaite quand j'apprends qu'un auteur de maltraitances a été sévèrement condamné par un tribunal, que Les 4 Pattounes ont remporté une victoire judiciaire supplémentaire. C'est la fête ! Mais ce n'est pas parce que j'éprouve de la haine contre l'agresseur en tant qu'individu, pas parce que je rêve qu'il souffre en prison.

Ce qui m'apaise, ce qui me rend heureuse et me donne le sentiment du devoir accompli, ce sont deux choses : d'abord que grâce aux 4 Pattounes un chat, un chien, un lapin, une chèvre ou un cheval qui subissait des atrocités ait été sauvé et se trouve à présent entre les mains d'une famille aimante. Ensuite, qu'un individu au comportement dysfonctionnel soit mis hors d'état de nuire, ce qui contribue à un monde meilleur, plus respectueux des animaux, à une société un peu moins cruelle, un peu moins violente et plus apaisée. En somme, par son action, notre association joue son rôle de régulatrice des pulsions les plus agressives. Et pas seulement contre nos amis les animaux.

Car, je l'ai déjà expliqué, comme il existe un lien très étroit entre les violences infligées aux animaux et celles imposées à l'ensemble des membres d'une famille, toutes les interventions de police et de justice qui luttent contre les premières permettent de lutter contre les secondes. Quand elle sauve un chat, un chien, c'est comme si la société adressait un signal au conjoint, aux enfants : *Ce que vous vivez n'est pas normal, vous ne devez pas continuer à l'accepter.*

On ne dispose pas, hélas, de statistiques sur ce point, mais il est possible d'imaginer qu'être condamnée par un tribunal soit l'occasion pour une personne au comportement agressif et violent de prendre conscience qu'elle a besoin d'un travail sur elle-même. C'est ici que le stage alternatif à la peine, évoqué précédemment, a toute sa place : il peut inciter un contrevenant à se lancer dans une thérapie plus approfondie, destinée à réfléchir aux pulsions qui bouillonnent en lui. Le déni est en effet le pire des freins, qui mure dans la certitude qu'il est dans son bon droit, que c'est ainsi qu'il faut agir pour « tenir » un foyer, etc. Mais précisément les thérapies servent à cela : ouvrir le champ des possibles, revenir sur le bon chemin et reprendre une vie normale. Dans l'idéal, l'action que nous menons aux 4 Pattounes permet de sauver un ou plusieurs animaux de compagnie, des membres de familles et, ultimement, les auteurs des agressions eux-mêmes.

Aujourd'hui, il m'arrive souvent d'expliquer l'action de l'association et l'urgence qui nous anime. Mes interlocuteurs sont des gens plus ou moins sensibles à ces réalités. Quelquefois, je perçois bien qu'ils ne comprennent pas tout à fait de quoi je parle, ils m'interrogent et j'imagine que certains d'entre eux peuvent se montrer dubitatifs sur l'action des 4 Pattounes, parce que, paradoxalement, ils ne connaissent pas l'ampleur du mal et la triste réalité.

Alors il arrive que, pour appuyer mes propos, je cède à la tentation : je tire le portable de ma poche et sélectionne quelques photos d'animaux maltraités, prises sur le terrain ou après qu'ils ont été recueillis chez nous. Qu'on se rassure, je n'opte jamais pour les plus insoutenables. Mais certaines sont assez édifiantes et justifient à elles seules nos actions : ils écarquillent alors les yeux et froncent les sourcils, parfois plaquent une main sur la bouche ou sur les yeux... voire fondent en larmes. Leur expression est horrifiée, révoltée par ce que je leur montre. *C'est donc à cela que Les 4 Pattounes s'attaquent ! C'est donc cela, la réalité de la violence commise contre des animaux innocents !*

Un chien maltraité a une expression de détresse à laquelle une personne normalement constituée ne peut rester indifférente. C'est un fait : les images font aux humains souvent plus d'effet que les phrases les mieux choisies. Ce qui n'était qu'une poignée de chiffres ou un mot technique (séquestration, maltraitances, coups et blessures...) se mue brutalement en une réalité charnelle, qui nous touche, nous bouleverse intimement, et contre laquelle nous avons le sentiment qu'il faut agir. Elle nous *concerne*. Sur ce point d'ailleurs je ne suis pas différente des autres, moi qui ai aussi eu besoin de voir de mes yeux les traces d'agression sur les corps des chats et chiens, et leurs regards apeurés, traumatisés, pour trouver la force irrépressible de m'engager comme je l'ai fait.

De nombreuses personnes à qui j'ai montré ces photos explosent de colère : « Contre les individus qui font ça, il faudrait rétablir la peine de mort ! » Cela me surprend toujours, mais les auteurs de ces propos sont en général ceux-là mêmes qui, avant de les voir, paraissaient le moins concernés. Souvent, encore sonnés par cette découverte et comme emportés par leur ressentiment, dans leurs imprécations ils appellent la violence de l'État à se déchaîner contre les auteurs.

Je rappelle alors que notre rôle est de faire appliquer la loi, rien de moins mais rien de plus. Les 4 Pattounes ne sont pas là pour assouvir une pulsion vengeresse, mais pour restaurer un peu de justice et de responsabilité là où ces deux vertus manquent.

Parfois mes interlocuteurs, toujours sous le choc, me demandent : « Mais comment tenez-vous ? » C'est une question que je me pose. Et encore, ce que je leur ai montré n'est qu'un échantillon des horreurs qui passent dans ma vie. C'est du reste le lot de la plupart de mes collègues : nous intervenons où la violence se déchaîne. Mais en œuvrant pour Les 4 Pattounes, nous sommes confrontés au quotidien à ce que la société a de plus glauque. Certaines images sont traumatisantes et indélébiles, je connais bien leur nocivité, mais jamais, au grand jamais, cela ne m'a découragée. Il reste trop d'animaux à sauver, trop de consciences à éveiller.

D'où vient cette détermination ? Précisément du fait que c'est la justice que nous recherchons, non la vengeance.

En guise de conclusion…

Aujourd'hui, Les 4 Pattounes sont une association de défense animale connue et reconnue, rayonnant sur l'Hexagone ainsi que sur les départements et régions d'outre-mer. Ses membres œuvrent avec conviction et détermination sur tous les fronts, de la sensibilisation à la prévention, des interventions destinées à mettre en sécurité les animaux en détresse aux soins dont ils ont besoin pour se rétablir. Sur notre site, vous pourrez découvrir une rubrique « Ils ont parlé de nous », qui compile quelques-unes de mes interviews extraites des diverses et nombreuses sollicitations médiatiques, de presse écrite, de témoignages radio ou sur les chaînes télévisées nationales comme TF1, France 2, M6, BFMTV et même plusieurs fois France 3. Cet écho a un retentissement direct sur un large public, qui permet de faire connaître notre combat.

À ces faveurs médiatiques s'est adjoint pour moi l'honneur de me voir remettre des médailles qui témoignent d'une reconnaissance pour la qualité des actions des 4 Pattounes. En mars 2022, le directeur général de la police nationale m'a ainsi fait l'honneur de me décorer de la médaille de l'Engagement. C'était une soirée mémorable, organisée par la Mutuelle générale des policiers au sein du Pavillon Gabriel, à deux pas des Champs-Élysées. En janvier 2023, j'ai eu le plaisir et l'honneur encore d'être élue « Toulousaine de l'année » et de recevoir ce trophée du maire de Toulouse, Jean-Luc Moudenc. Je fais le vœu que ce geste incite tous les politiques locaux à s'emparer du sujet et à le faire mieux connaître à nos concitoyens.

Quelques mois plus tard, au printemps 2023, c'est la députée Corinne Vignon, en charge de la troisième circonscription de Toulouse et présidente de la commission parlementaire Bien-Être animal, qui me remettait la magnifique médaille de l'Assemblée nationale, gravée à mon nom. Ces marques de reconnaissance et de soutien me flattent, bien sûr, mais là n'est pas l'essentiel. Ce qui compte, c'est qu'elles constituent des leviers pour nous tous, qu'elles encouragent notre détermination à poursuivre un combat qui n'est pas tous les jours facile. Quand la fatigue, le découragement pointent le bout de leur nez, il est bon de repenser à ces marques de reconnaissance pour nous redonner un coup de fouet.

À l'heure où j'écris ces lignes, la team pro des 4 Pattounes a formé, partout en France, à la demande notamment de commissaires de police ou de parquetiers engagés, plus de 8 500 policiers et gendarmes, mais aussi des magistrats, des maires, des policiers municipaux, des pompiers, des avocats, des vétérinaires, des associations de protection animale. Tous sont désormais à même d'intervenir efficacement en cas de signalements où sont impliqués des animaux en détresse. Ce ne sont pas simplement 8 500 professionnels sensibilisés et mieux informés : ce sont aussi et surtout des personnes mobilisables en cas d'urgence, quand un animal est en danger.

En Haute-Garonne, nous pouvons ainsi nous appuyer utilement sur un vivier d'environ 150 policiers et gendarmes, qui de plus ne cesse de croître. Ce qui rend bien plus efficace la prise en compte du signalement, car parfois il faut agir vite pour sauver l'animal. Je suis très reconnaissante et très fière aussi de tous ces collègues et camarades engagés sur le terrain, j'admire leur réactivité et leur détermination tellement nécessaires pour motiver une confiscation judiciaire de l'animal et une condamnation de l'auteur des faits de maltraitance.

Au-delà de la Haute-Garonne également, grâce à nos nombreux déplacements dans l'Hexagone au plus près des commissariats, des gendarmeries et des parquets, au détour de nos formations et formations en ligne, nous avons patiemment mis sur pied un vivier réactif et compétent de forces de l'ordre prêtes à s'investir pour sauver les animaux : à Paris, Lille, Bayonne, Aix-en-Provence, Marseille ou Ajaccio, ou encore sur l'île de La Réunion, dès que nous recevons un signalement de maltraitance sur notre boîte mail nous savons sur qui compter. Les infractions et le cadre légal d'intervention sont désormais mieux connus, mieux exploités.

Du côté des magistrats, nous pouvons nous féliciter de la dynamique enclenchée et de l'implication de certains référents. Par exemple, l'École nationale de la magistrature (ENM) a labellisé fin 2024 notre module de formation, ce qui témoigne d'un soutien infaillible de sa part. Il s'agit là d'un réel virage prometteur.

Pourtant, tout n'est pas rose. Nous avons notamment, comme de très nombreuses petites associations, peu de fonds à l'entrée et de grosses dépenses à assumer : voilà un résumé de notre bilan ! Comme seules ressources, Les 4 Pattounes ne peuvent compter que sur la générosité de leurs donateurs. Certes, nous nous appuyons sur de belles énergies bénévoles, mais ces fonds restent indispensables à notre bon fonctionnement.

Des coûts élevés

Par exemple, nous nous battons pour la stérilisation des animaux, cause peu connue du public et pourtant essentielle. Tout le monde sait la très grande faculté de reproduction du chat, mais mettons des chiffres concrets derrière cette réalité. Prenez un couple de chats ordinaire : à lui seul il pourra donner trois portées de chatons par an, soit trois fois quatre chatons. Vous avez bien lu : un seul couple de chats non stérilisés peut engendrer douze individus en une année ! Imaginons que ces chatons grandissent et qu'au bout de six ou sept mois (c'est le temps nécessaire pour que les femelles puissent donner la vie) ils donnent à leur tour naissance à des chatons, lesquels vont eux aussi se reproduire… Figurez-vous qu'on arrive très vite à dépasser les 22 000 individus en seulement quatre ans ! Bien sûr c'est là un nombre théorique, mais il donne bien la mesure du problème.

Le coût des interventions pour stériliser les animaux est élevé, comme la plupart des frais vétérinaires. Heureusement, des subventions sont parfois accordées aux communes pour financer une partie ou la totalité des castrations de chats errants. L'association Gamelles Pleines, qui intervient en particulier auprès des personnes sans domicile fixe, fait, elle aussi, cet effort d'aider les plus fragiles de nos concitoyens à prendre le contrôle de la natalité de leurs compagnons, ce qui les soulage d'une difficulté quotidienne concrète, eux qui en connaissent déjà beaucoup dans leur existence.

Toutes ces actions ne sont possibles que grâce à la grande générosité de nos donateurs.

Je parlais des dépenses. Vous l'avez compris, c'est souvent une excellente issue de confisquer un animal maltraité. Mais très vite viennent les questions plus prosaïques : qui va payer le transport ? Qui va régler la nourriture ? Les premiers soins vétérinaires ? Dans la réalité, ces frais incombent aux associations. C'est un peu comme si on demandait à un collectif associatif de défense du droit des enfants dans le monde de pallier les carences de la protection maternelle et infantile du conseil départemental en termes d'intervention, de prise en charge logistique et d'éducation…

Dans le meilleur des mondes, nous pourrions espérer nous faire rembourser un ou deux ans après en nous constituant partie civile et en obtenant des dommages et intérêts… Mais dans la vraie vie, c'est différent. Et de fait, il est compliqué de parvenir à se faire verser les dommages et intérêts annoncés, parce que les personnes condamnées comptent souvent parmi les profils fragiles, marginaux, ou tout bonnement insolvables.

Je me souviens ainsi de l'« affaire » Rocky. Ce dimanche d'avril s'annonçait comme une belle journée, bercée par le chant des oiseaux qui accompagnait notre balade matinale avec Hancock. Tout à coup, mon regard se figea sur un message qui venait de s'afficher sur l'écran de mon portable : « Bonjour, Céline ! Tu es au courant pour ce chiot qui aurait été fracassé et jeté dans une poubelle cette nuit ? C'est sur un groupe Facebook de Toulousains, les témoins sont choqués et ont appelé le 17. »

Je refusais d'y croire : tant de cruauté sur un chiot innocent, tant de manque de respect pour la vie me semblaient tout bonnement impossibles. Pourtant, c'était bien la réalité. La preuve : je découvris le message, déposé une heure plus tôt, par un collègue policier, choqué lors de cette intervention par des faits qui dépassaient l'entendement : un homme avait tabassé dans la rue un pinscher âgé de deux mois et, le croyant mort, l'avait abandonné dans une poubelle. Le pronostic vital était engagé.

Relevant doucement la tête de mon écran, sans plus trop savoir où j'étais, je me répétai à voix haute : « Son pronostic vital est engagé… » À ce moment, je réalisai que Hancock et moi avions momentanément inversé les rôles : c'est lui qui me promenait et nous rentrions à la maison.

J'appelai en urgence l'école vétérinaire de Toulouse, en charge des soins. « Son pronostic vital est engagé », confirma la vétérinaire. Une phrase résonnait dans ma tête : « Nous devrons l'amputer de la patte arrière, sa fracture est trop haute. De plus, il risque de perdre un œil compte tenu de la strangulation qui a propulsé du sang dans ses yeux. » Les soins étaient très coûteux, mais je n'hésitai pas : Les 4 Pattounes les prendraient en charge.

J'avais peine à retenir mes larmes devant tant de violence gratuite. Rocky était un bébé de quatre kilos, en état de choc, polytraumatisé, victime de multiples fractures et de strangulation. L'auteur des faits, confondu par trois témoins, prétendait ne pas se souvenir de tout… Il affirma que le chiot l'avait mordu et qu'il s'était « défendu »… Pour rappel, Rocky était plus petit et plus léger que chacun de mes chats, l'innocence en prime.

Déterminée à le sauver, je décidai de porter plainte au nom de l'association et ouvris une cagnotte HelloAsso pour être en mesure d'assumer ses soins. Je savais pouvoir compter sur le soutien et l'immense générosité de nos followers. Mais jamais je n'aurais imaginé qu'en vingt-quatre heures seulement les fonds récoltés dépasseraient le devis affiché ! Plus que jamais, notre slogan prenait tout son sens : « Ensemble, nous pouvons les aider ! »

À l'école vétérinaire, je voulus rendre visite à Rocky : il paraissait si minuscule avec sa grande collerette censée l'empêcher de toucher sa patte cassée… Mais il lui aurait fallu davantage d'énergie pour accomplir ce geste, il semblait si exténué. Son regard triste, profond, plongeait dans le mien. Son petit museau s'est approché de moi pour me renifler, sa langue minuscule est venue me caresser la joue, comme s'il voulait me faire un bisou de remerciement.

Une chaîne de solidarité s'est spontanément mise en place : nos bénévoles se sont organisés pour le transporter chez les meilleurs chirurgiens toulousains, qui réussirent à lui éviter l'amputation de la patte arrière. Nous avons reçu de très nombreux témoignages de soutien, dont l'un m'a particulièrement et immensément touchée : celui de l'avocate commise d'office qui nous encourageait dans nos actions et souhaitait reverser sa rétribution aux soins de l'animal. Cela donne espoir et confiance en l'être humain !

L'auteur des faits a signé le document de cession de l'animal en faveur des 4 Pattounes, qui pourrait ainsi lui offrir tous les soins et l'amour nécessaires pour regagner confiance en l'humain.

À peine opéré, Rocky semblait déjà regarder vers l'avenir et rêvait de courir ! Comble du bonheur, l'un des policiers intervenant lors du drame a souhaité l'accueillir en famille d'accueil pour le cocooner le temps de sa convalescence, et son ami d'enfance vient de nous confirmer qu'il l'adoptait !

Quant à l'auteur des faits, me demanderez-vous ? Il court lui aussi…

Après avoir mis fin à sa garde à vue, la magistrate référente a décidé de le convoquer en février prochain. Les faits n'étant apparemment pas assez graves pour lui valoir une incarcération immédiate, il est condamné à se présenter au tribunal dans dix mois. Il est donc actuellement libre de ses faits et gestes.

Écoutons ceux qui soutiennent nos actions

Il m'a paru naturel de proposer un épilogue très vivant à cet ouvrage, en laissant la parole à de belles personnes dont le dénominateur commun reste la détermination à faire avancer la cause animale. Une vingtaine de soutiens de tous horizons, souvent des professionnels très engagés qui ont fait bouger les lignes, s'expriment ici.

Corinne Vignon, députée en charge du bien-être animal à l'Assemblée nationale

Déterminée à faire de la lutte contre la maltraitance animale une priorité dans notre pays, quels sont selon toi les prochains combats à mener et les propositions de lois à porter, s'il te plaît ?

« La maltraitance animale est un sujet vaste, et malheureusement délaissé par le législateur. Parler de maltraitance fait l'objet de controverse lorsqu'on aborde des thèmes sensibles, comme la corrida ou les chasses traditionnelles. En effet, les députés issus des territoires défendent à cor et à cri les traditions, quelquefois moyenâgeuses, des citoyens qui les ont élus. En revanche, une forme de consensus peut s'établir à l'Assemblée nationale lorsqu'on évoque les animaux de compagnie.

Plusieurs pistes sont en cours afin de responsabiliser les futurs propriétaires et lutter contre l'abandon : interdiction pour les animaleries de vendre chiens et chats en ligne ; arrêt des salons du chiot qui favorisent l'achat "coup de cœur", et dont les exposants ne respectent pas le délai de réflexion de sept jours imposé par certificat d'engagement ; révision de l'Acaced, qui permet de devenir éducateur canin en ligne et en quarante-huit heures sans épreuve pratique ; poursuite de la navette parlementaire de ma proposition de loi interdisant le port et la vente de colliers coercitifs, votée à l'unanimité à l'Assemblée et qui n'a toujours pas été débattue au Sénat.

La lutte contre la maltraitance animale est un long chemin qui trouve un écho plus prégnant ces dernières années grâce à la proportion croissante de femmes dans l'hémicycle. Nous avons du cœur et nous ne lâcherons rien, croyez-moi ! »

Christophe Amunzateguy, procureur de la République au parquet de Saint-Gaudens

Le parquet de Saint-Gaudens, précurseur en la matière, s'applique à poursuivre une politique de lutte ambitieuse contre la maltraitance animale : sanctions exemplaires, confiscations d'animaux, stages alternatifs à la peine… Pourriez-vous nous en dire davantage, s'il vous plaît ?

« Le parquet de Saint-Gaudens a été précurseur en développant une politique pénale ambitieuse de lutte contre la maltraitance animale : sanctions, confiscations d'animaux, stages alternatifs à la sanction… Ce parquet met activement en lumière le concept d'"une seule violence" – à savoir le lien, scientifiquement prouvé, entre maltraitance animale et violences intrafamiliales.

Soucieux de rappeler que la lutte contre la maltraitance animale n'est pas un droit "gadget", le parquet de Saint-Gaudens s'implique, aux côtés de l'association Les 4 Pattounes, dans la formation des forces de sécurités intérieures à la pratique de ce droit, mais cherche aussi à développer des partenariats efficaces pour sa mise en œuvre au quotidien. »

Franck Rastoul, procureur général près la cour d'appel d'Aix-en-Provence, à l'initiative du premier pôle Maltraitance animale de France

Vous qui êtes à l'initiative du premier pôle Maltraitance de France, pourriez-vous nous décrire s'il vous plaît ses objectifs et les leviers possibles pour impulser une dynamique au niveau d'une cour d'appel?

« Créer une structure dédiée à la lutte contre la maltraitance animale, c'est d'abord dégager des moyens spécifiques pour traiter ce contentieux. C'est ensuite donner une visibilité institutionnelle à la politique pénale conduite. Car la maltraitance animale doit être traitée comme tout autre contentieux pénal, ni plus ni moins. Elle ne doit pas être un contentieux de "seconde zone". Celui qui commet des faits de maltraitance animale est un délinquant qui se rend coupable d'une contravention ou d'un délit pour les faits les plus graves.

L'action des associations de protection des animaux, dans leur diversité, doit être saluée. Elle fait écho à l'action de la justice qui veille, pour sa part, au respect de la loi. Une structure spécifique au niveau du parquet général permet d'impulser une politique pénale active, d'assurer le suivi des affaires les plus graves ou posant une question juridique particulière. Elle permet de renforcer les échanges entre les magistrats traitant ces procédures, de diffuser les bonnes pratiques, mais aussi les “bonnes adresses”, c'est-à-dire celles des vétérinaires susceptibles d'intervenir dans une procédure judiciaire, ou des associations assurant la garde des animaux soustraits à la maltraitance.

S'agissant de certains animaux, par exemple lorsqu'il s'agit de placer un troupeau de vaches ou bien encore de fauves, un procureur peut se trouver démuni… L'action judiciaire est une pierre qui doit être angulaire dans le mur de la lutte contre la maltraitance animale. C'est une action sur le long terme, qui passe par la formation des magistrats et des enquêteurs sur ce contentieux technique, loin de se limiter à la seule maltraitance d'un animal de compagnie. Je pense, notamment, aux trafics internationaux d'espèces protégées, qui relèvent de la criminalité organisée et soulèvent une problématique environnementale majeure, celle de la préservation de la biodiversité.

L'action judiciaire peut également concourir aux évolutions législatives, en relevant certaines incohérences, par exemple la différence de régimes de protection entre, d'une part, les animaux domestiques et captifs et, d'autre part, les animaux dits « sauvages ». L'action judiciaire, enfin, doit permettre de faire rimer le droit pénal avec l'exigence d'humanité et de lutte contre toutes les formes de violence à l'égard des hommes, mais aussi des animaux reconnus comme des êtres dotés d'une sensibilité, et non plus comme de simples biens. »

Carine Celibert, journaliste animalière, marraine de l'association Gamelles Pleines France

Les 4 Pattounes admirent ton engagement au sein de l'association Gamelles Pleines, à notre petite échelle nous la soutenons à travers des dons et des collectes ciblées. Pourrais-tu nous confier tes motivations et tes actions concrètes en faveur de cette association, s'il te plaît ? Tu as peut-être une jolie histoire à nous raconter ?

« Depuis huit ans, j'ai l'immense plaisir d'être la marraine, avec Laetitia Barlerin, de Gamelles Pleines France, de soutenir et d'aider bénévolement les plus démunis aux côtés de cette formidable association. Sensible à la cause animale, je le suis encore plus à la cause des maîtres en situation de grande précarité. Avec Laetitia, nous prenons notre mission de marraine très à cœur et témoignons avec ferveur notre engagement bien au-delà des maraudes, notamment auprès de l'ensemble de la profession, des médias et du grand public. Journaliste animalière, consultante et organisatrice d'événements animaliers, je mets mon expertise et mon réseau au service de l'association. Je collabore avec Yohann Sévère, le fondateur dans la recherche de partenariats pour du financement, pour que l'association soit présente sur des événements animaliers (Woofest en région, L'Animal en ville à Boulogne, La Fête de l'animal à Paris…).

En huit ans, j'ai rencontré et écouté sans les juger de nombreux bénéficiaires, nourri beaucoup de chiens, participé à des journées santé au Samu social. En huit ans, j'ai traversé des moments de tristesse (décès de bénéficiaires, fugues, vols des animaux), mais aussi des périodes de joie (logements attribués, réinsertion d'animaux). Un moment fort, celui du confinement : il a fallu contacter les villes afin de trouver des solutions d'hébergement temporaire pour les SDF et leurs compagnons de vie.

Gamelles Pleines c'est aussi un élan de solidarité avec d'autres associations de protection animale. L'histoire de Sioux m'a particulièrement marquée. Ce jeune berger australien appartenait à un SDF bénéficiaire de l'association Gamelles Pleines Paris. Gravement malade, celui-ci a souhaité que son fidèle compagnon soit adopté. Un geste d'amour ! Gamelles Pleines et l'association YouCare ont fait le nécessaire – ils ont confié Sioux à Charlotte et son compagnon. Énorme coup de foudre ! Ils ont décidé de le garder. Son ancien maître a été soulagé… Depuis un an, Sioux fait leur bonheur. »

Marion Guérive, commandant SDIS, responsable de l'Unité de risque animalier 31

Toi qui es très impliquée dans le sauvetage des animaux, pourrais-tu nous préciser tes missions, les freins et les évolutions possibles ? Puis nous raconter une histoire inédite qui t'a marquée ?

« La loi Matras du 25 novembre 2023 dispose que "la sécurité civile a pour objet […] la protection des personnes, des animaux, des biens et de l'environnement contre les accidents, les sinistres et les catastrophes". Cette évolution législative marque un tournant dans la prise en charge des animaux, qui se faisait jusqu'alors au travers de la protection des biens… Pour autant, nous devons poursuivre notre action collective afin que la chaîne des acteurs publics soit pleinement mobilisée, optimale et efficace.

Si je devais retenir une intervention animalière parmi toutes celles que j'ai réalisées, ce serait la suivante : un jeune chat avait été retrouvé piégé à la suite d'une chute de balcon, empalé à trois endroits différents au niveau du ventre et de la poitrine sur une grille de clôture. Malgré la situation apparemment désespérée, nous avons disqué la clôture avec l'aide d'un véhicule de secours routier, puis transporté le chat avec le morceau de clôture en latérocubitus sur un petit brancard vers une clinique vétérinaire le plus rapidement et délicatement possible…

Passé l'étonnement du vétérinaire, ce dernier a réalisé une intervention chirurgicale minutieuse qui a révélé qu'aucun organe n'avait été touché, et le chat s'en est miraculeusement sorti, après une courte période de convalescence. Ce jour-là, les sapeurs-pompiers ont contribué à sauver la vie d'un animal avec le même professionnalisme qu'une intervention pour un secours à personne. Une vie a été sauvée, peu importe qu'elle soit humaine ou animale… Gandhi disait : "On reconnaît le degré de civilisation d'un peuple à la manière dont il traite ses animaux." Je pense que nous sommes en bonne voie… »

Céline Deleuze, responsable de l'Unité de risque animalier SDIS 77

Toi qui es très impliquée dans le sauvetage des animaux, pourrais-tu nous préciser tes missions et nous raconter une histoire inédite qui t'a marquée ?

« Une intervention m'a marquée en particulier. Juin 2013 : le Codis reçoit un appel pour un cheval coincé. Après quelques infos complémentaires et en concertation avec le chef de salle, je décide de rejoindre l'intervention, accompagnée de l'un de mes adjoints. À notre arrivée, nous constatons qu'un cheval avait traversé une passerelle en bois, dont plusieurs planches vermoulues par le temps et le cours d'eau qu'elle traverse avaient cédé sous ses sabots. Il a un membre postérieur en travers du tablier, et l'autre en travers du plancher. La cavalière est indemne et en sécurité.

La situation est complexe, car aucun engin ne peut accéder au site, pas même un tracteur. Le bon point, c'est que la structure même est solide. Nous décidons d'intervenir en soutenant, avec une première sangle, l'abdomen du cheval qui se blesse à chaque fois qu'il se débat, et en limitant l'écrasement des organes sur les angles de la structure. Le vétérinaire le sédate, afin que nous puissions lui passer des élingues en tissu sur les membres antérieurs. L'objectif est qu'une équipe tracte l'animal et le fasse glisser sur la passerelle jusqu'à la terre ferme, pendant que l'autre soulage et sort le bassin et les postérieurs du trou. La manœuvre a été réussie.

Cette intervention a été la première opérée par la nouvelle équipe responsable de l'unité animalière du SDIS 77 et elle nous sert maintenant de base de manœuvre ou de démonstration. »

Marion Bouillaud, avocate spécialisée en droit animalier, conseil des 4 Pattounes

Avocate-conseil de l'association, pourrais-tu nous confier comment tu vis ces plaidoiries particulières et peut-être même nous raconter celle qui t'a le plus marquée, s'il te plaît ?

« Je suis avocate depuis trois ans, et investie en droit animalier et dans la lutte contre la maltraitance animale depuis la fin de mes études, en 2017. C'est donc un aboutissement pour moi que de porter la voix des personnes non humaines jusqu'au moment du procès. Il est toujours difficile de plaider ces dossiers, même si l'avocat intervient dans la dernière partie du processus et n'a pas eu à constater directement la souffrance de l'animal. Il est donc nécessaire de prendre du recul afin de défendre au mieux la voix de l'animal, exprimée par l'association.

Deux dossiers me restent tout particulièrement en tête : celui de Hancock, le chien de Céline Gardel, car il fut l'un des premiers dossiers pris au sérieux par les juridictions, dans un contexte tout particulier. Le dossier avait été à peine étudié par la juridiction à la fin d'une journée, et c'est uniquement à la lecture des preuves vidéo que le tribunal a pu prononcer une peine exemplaire.

La seconde concerne un chien tué d'un coup de fusil par le père du propriétaire. Le contexte social de ce drame était aussi triste que les faits, puisque le prévenu était extrêmement âgé et malade, et a été hospitalisé en soins palliatifs peu de temps après. Le propriétaire, qui était le fils du condamné, était tiraillé entre faire reconnaître le préjudice de son animal et ne rien réclamer à son père. »

Christophe Girard, avocat spécialisé en droit animalier, attaché au barreau de Paris

Impliqué généreusement, au travers de vos plaidoiries, dans la lutte contre la maltraitance animale, quelles sont vos motivations et votre plus grande réussite ?

« Dans mon enfance, mes parents m'ont appris à aimer et respecter les animaux. J'ai eu la chance de toujours vivre entouré d'animaux. Et aujourd'hui encore, ma vie est comblée par la présence de plus d'une vingtaine d'entre eux que j'ai recueillis et dont je m'occupe. Mais, voyant ces animaux, qui me rendent très heureux et que je crois heureux, le sort de tous les autres est devenu une préoccupation qui a fini par dévorer ma vie professionnelle. Aujourd'hui, j'ai la chance incroyable de pouvoir exercer mon métier au service d'une cause, celle des animaux, qui donne un vrai sens à l'idée que je me fais du droit. Tout simplement parce qu'ils ont un droit, celui de vivre, qui est bafoué quotidiennement et que l'on se doit de défendre. Je suis donc désormais entièrement dévoué à la défense du droit des animaux à pouvoir connaître une vie décente.

J'ai en tête une réussite : Toto, un sanglier dont l'euthanasie avait été ordonnée. Cinq jours d'un travail acharné, en plein été, ont réussi à inverser le cours des choses. »

Françoise Bertrand, avocate des 4 Pattounes

Avocate au sein de l'association, tu viens en soutien aux questions diverses facilitant nos projets et nos actions. Quelle est selon toi la plus grande réussite de l'association ?

« Les rapports de l'homme et l'animal sont longtemps restés figés dans une relation homme-machine théorisée par Descartes. Fort heureusement, leur statut juridique évolue progressivement, mais leur détresse n'est toujours pas suffisamment prise en compte. Or les animaux souffrent comme nous. Les 4 Pattounes portent cette souffrance de plusieurs façons : elles mobilisent les forces de police, accueillent les laissés-pour-compte et les maltraités, réalisent un travail éducatif auprès des jeunes, portent la voix des animaux victimes dans les prétoires. Il n'y a pas de plus belle réalisation, de plus noble tâche ! Longue vie aux 4 Pattounes ! »

Marie-Christine Weibel, vétérinaire

Comment vis-tu ces missions un peu particulières, loin de ton cœur de métier de vétérinaire, quand tu interviens dans une école de police, un commissariat ou encore un parquet?

« Quand j'interviens dans une école de police, un commissariat ou encore un parquet pour le compte des 4 Pattounes, je le vis comme une chance formidable de rencontrer des personnes issues d'horizons très différents, que je n'aurais jamais eu l'occasion de côtoyer. J'y vois aussi un partage unique des compétences de chacun dans un domaine où il maîtrise son sujet, et les cadres de compétences où il doit intervenir. Cela me permet en outre de faire découvrir une partie des compétences de la profession de vétérinaire, qui, je m'en rends compte régulièrement, est finalement assez mal connue du grand public comme des autres professionnels. Nous sommes souvent uniquement vus comme des personnes soignant les animaux en cabinet.

Hors de mon propre exercice, ce qui me tient à cœur tout particulièrement, c'est l'exercice "mixte". Nous avons autant à opérer un chien qui a avalé une chaussette, à aider un veau à naître en pleine nuit, à stériliser des chats libres, à réfléchir avec un éleveur sur l'origine d'un problème rendant ses fromages impropres à la consommation, à réaliser des opérations de contrôle sanitaire en élevage pour l'État qu'à livrer une expertise à la demande d'un parquet. C'est très enrichissant. »

Océane Richard, vétérinaire consultante en comportement

À travers ton métier tu as aidé de nombreux loulous. Pourrais-tu nous en dire un peu plus sur tes missions et nous raconter l'histoire qui t'a le plus marquée, s'il te plaît? Par ailleurs, que penses-tu de la loi de 1999?

« En tant que vétérinaire comportementaliste, j'ai accompagné de nombreux chiens et chats vers un mieux-être psychique, par des consultations de comportement, des diagnostics de race et des évaluations comportementales. Une histoire marquante? Difficile à choisir, car chaque fois que l'harmonie entre un animal et son propriétaire est restaurée, c'est une victoire.

Pour moi, la loi de 1999, qui réserve un traitement spécial aux animaux dits "de catégorie", jugés dangereux, est sans fondement scientifique. De nombreuses études, en France comme à l'étranger, montrent qu'elle n'a pas réduit les morsures canines. Cette loi, basée uniquement sur des critères physiques, stigmatise injustement certaines races et devrait être réformée au profit d'une approche fondée sur l'individu et l'éducation. »

Joëlle Laroche, vétérinaire à domicile

Vétérinaire à domicile, au plus près de l'environnement où vivent les animaux, tu bénéficies d'une relation particulière avec leurs propriétaires; pourrais-tu, s'il te plaît, nous raconter comment tu les conseilles au mieux?

« Après plus de trente ans d'exercice de médecine vétérinaire en clinique, et suite à un changement de région, j'ai voulu donner encore plus de sens à mon métier de vétérinaire (qui en a déjà beaucoup!). Les consultations vétérinaires à domicile permettent de médicaliser des animaux qui n'auraient pas pu l'être, soit parce qu'il est devenu impossible de les déplacer – par exemple un gros chien qui ne peut plus se lever ou un chat qui n'accepte plus la boîte de transport –, soit parce que leur humain ne conduit plus, se trouve en maison de retraite ou en situation de handicap.

Afin d'illustrer au mieux mes propos, j'aimerais parler de Kitty, une minette âgée de sept ans. J'ai été sollicitée, car Kitty urinait partout dans l'appartement où elle vivait au deuxième étage de la maison de retraite. Son humaine cherchait depuis longtemps une solution, elle voyait que sa compagne à quatre pattes n'était pas bien. J'ai rapidement constaté que la chatte souffrait d'obésité, 11,5 kilos au lieu des 5 kilos maximum qu'elle aurait dû peser. En conséquence, Kitty ne pouvait même plus passer la petite marche pour rejoindre sa litière ni entrer dans son panier. Elle ne pouvait dormir que sur un carton posé au sol, souffrait de douleurs articulaires, d'arthrose, de problèmes respiratoires et passait ses journées devant la fenêtre à contempler un extérieur auquel elle n'avait plus accès.

Après avoir vérifié qu'elle ne souffrait d'aucune maladie urinaire, nous avons établi un régime diététique afin de lui faire perdre progressivement du poids, effectué un traitement des douleurs pour que Kitty retrouve un peu de mobilité et de confort, et aménagé son environnement (accès facilité à la litière, matelas à mémoire de forme et mise en place de jeux pour la reprise d'activité). Lorsque je suis revenue voir la dame un mois plus tard, elle m'a dit : “Vous savez, l'infirmière est passée me voir et s'est demandé pourquoi, tout à coup, elle trouvait que j'allais beaucoup mieux. Je lui ai répondu : c'est parce que la vétérinaire est venue soigner mon chat !” »

Caroline Videlaine, directrice de police municipale

Le maire a des pouvoirs et des devoirs souvent méconnus en matière de maltraitance animale, selon toi laquelle de ses missions clés participe directement à estomper la souffrance des animaux ?

« Le bien-être animal est devenu un sujet de préoccupation de la société au point qu'aux dernières élections municipales, en 2021, nombreuses sont les communes qui ont doté un conseiller municipal ou un maire adjoint d'une délégation à la condition animale. Par ailleurs, depuis une dizaine d'années, le nombre de policiers municipaux a considérablement augmenté pour atteindre aujourd'hui plus de 28 000 agents, alors qu'ils n'étaient que 15 000 en 2006.

La relation de proximité que développent quotidiennement les agents de police municipale avec la population et la connaissance qu'ils ont de leur territoire jouent un rôle majeur dans l'approche et la détection des violences à huis clos. Le voisinage est bien souvent le mieux placé pour constater ou relever des faits anormaux, des bruits ou cris souvent rapportés de manière détournée, notamment par respect pour la tranquillité publique. À ce titre, la qualification judiciaire des agents de police municipale leur permet de lutter contre les maltraitances sur animaux, relevant et constatant les infractions par la rédaction de rapports qu'ils transmettent à l'officier de police ou de gendarmerie nationale, territorialement compétent. Des formations leur sont dédiées. »

Vincent Fernandez, gendarme officier de police judiciaire

Tu as grandement contribué à l'évolution de la prise en compte de la maltraitance animale au sein de la gendarmerie. Pourrais-tu nous en dire davantage et nous raconter par ailleurs ta plus belle intervention de terrain, s'il te plaît ?

« Au sein de la gendarmerie, j'ai voulu faire bouger les lignes afin que les violences exercées contre les animaux soient mieux prises en compte par mes camarades. J'ai participé à la conception d'une application numérique, EnviroGend, en créant et en développant la catégorie "maltraitance animale". Il s'agit d'un outil téléchargeable sur les téléphones professionnels des gendarmes, qui les aide dans la prise en compte des signalements et la constatation des infractions.

De plus, dans un objectif d'apporter une réponse immédiate à la population, aux élus et afin de pouvoir travailler en interactivité avec l'ensemble des acteurs de la protection animale, j'ai créé le premier réseau de référents protection animale au sein du groupement de gendarmerie des Hautes-Pyrénées. Ce réseau a pu être ensuite déployé sur l'ensemble du territoire national, suite à l'annonce du ministre de l'Intérieur de l'époque, Gérald Darmanin.

Ma plus belle intervention de terrain a été de sauver d'une mort certaine un chien de chasse laissé à l'abandon par son propriétaire dans un enclos trop petit et insalubre, au fond d'un terrain à l'abri des regards. Ce chien a été recueilli par une association locale et a retrouvé une famille aimante. J'ai pu revoir ce loulou après son sauvetage et, lorsqu'il m'a revu, il m'a sauté dessus comme s'il me remerciait de l'avoir sauvé de l'enfer. »

Sandrine Vannucchi, éducatrice canine et vice-présidente des 4 Pattounes

Toi qui es très impliquée dans l'éducation canine et qui gères une pension, tu as pris sous ton aile de nombreux loulous en détresse, saisis ou abandonnés. Que souhaites-tu nous confier sur eux, leurs évolutions et les clés pour leur offrir une nouvelle vie ?

« Depuis vingt-cinq ans, la protection animale est au cœur de ma vie. Chaque chien que j'accueille dans ma pension ou que j'accompagne en éducation a une histoire unique, souvent marquée par la peur, l'abandon ou la maltraitance. C'est justement pour leur offrir une seconde chance que j'ai passé mon brevet professionnel d'éducateur canin, qui me donne les connaissances en éthologie canine pour les aider à se reconstruire. La clé de leur réhabilitation réside dans la patience, la compréhension et le respect de leur rythme. Certains chiens arrivent complètement éteints, d'autres réactifs ou méfiants. Mais grâce à un cadre rassurant, une communication adaptée et une approche positive, ils réapprennent à faire confiance et à vivre sereinement.

Chaque évolution est une victoire : voir un chien qui tremblait au moindre bruit oser explorer son environnement, qui refusait tout contact venir chercher une caresse, ou encore un chien catégorisé "ingérable" trouver une famille aimante : ce sont ces moments qui donnent un sens à mon engagement.

Pour leur offrir une nouvelle vie, il faut avant tout écouter ce qu'ils ont à nous dire, respecter leur passé et adapter notre approche à leurs besoins. Avec bienveillance et cohérence, on peut réparer bien des blessures et leur permettre de s'épanouir à nouveau. »

Romy Sutra, maîtresse de conférences à l'université Toulouse Capitole, responsable d'un DU de droit animalier

Qu'est-ce qui t'a motivée à créer ce DU de droit animalier, qui associe notamment la team pro de l'association Les 4 Pattounes ?

« J'ai une croyance profonde dans les vertus de la formation et de la transmission du savoir. À ce jour, il existe en France une douzaine de formations de ce type, mais aucune n'existait en région Occitanie. Il s'agissait donc de combler une carence et de répondre à une demande. Le droit animalier qui vole, depuis peu, de ses propres ailes n'est pas enseigné dans le tronc commun des études de droit. Pour en avoir discuté avec eux, je peux dire que les étudiants sont demandeurs, comme les professionnels qui, confrontés à la complexité de la matière, expriment le besoin de se former. Ainsi, des vétérinaires, des policiers et gendarmes ou des avocats sont notamment amenés à se rencontrer au sein de ce DU. Toulouse fait figure de laboratoire expérimental en termes de lutte contre la maltraitance animale. Nous avons la chance d'avoir le pôle Environnement et maltraitance animale au sein du parquet général, qui œuvre de concert avec les professionnels de l'école vétérinaire et de l'ordre.

Dans cette formation, qui souhaite associer toutes les forces locales, l'expérience de l'association Les 4 Pattounes est une vraie plus-value, permettant de confronter les apprenants aux difficultés rencontrées sur le terrain. C'est la force de ce DU, tel que nous l'avons réfléchi lors de nos brainstormings avec Céline Gardel et les autres partenaires : l'alliance de la théorie et de la pratique ! »

Lauriane et Benjamin, la Ferme de Pan

Lapins abandonnés, coqs confisqués de combats illégaux, chèvre victime de sévices graves, qu'est-ce qui vous pousse à accueillir tous ces animaux en détresse et à les entourer de soins et de bienveillance ?

« Lorsque nous avons décidé d'ouvrir une ferme pédagogique à visée éducative, nous n'étions pas préparés à rencontrer autant d'animaux en détresse. Très naïvement, nous avions projeté d'acquérir plusieurs espèces que nous aimions afin de les faire découvrir au public. Et puis le projet a changé et pris un autre tournant le jour où nous avons recueilli Cali, notre âne blanc, le premier sauvetage que nous avons effectué. Cali nous a été confié par un pompier qui l'a sauvé. Il avait passé la quasi-totalité de sa vie enfermé dans un box sans soins adaptés, ce qui, en plus d'engendrer de l'agressivité, a surtout provoqué un handicap. On ne rattrape pas autant d'années de défaillances au niveau de l'entretien. Notre rôle est de le soulager au maximum pour qu'il puisse aller vers une fin de vie sereine. Il nous le rend bien, braie quand il nous aperçoit, reste à nos côtés et pose sa tête sur notre épaule. Une belle relation s'est nouée avec lui et, à partir de là, nous avons décidé de sauver d'autres animaux. Leurs histoires à tous sont, à elles seules, la façon la plus marquante de sensibiliser les jeunes générations pour qu'elles ne fassent pas la même chose plus tard. Tous nos protégés ont une histoire à raconter. »

William Postal, officier de police

Officier de police au plus près du terrain depuis trois décennies – aujourd'hui témoin de cette aventure humaine au gré des déplacements de l'association –, est-ce que, selon toi, les policiers et gendarmes d'aujourd'hui croisés lors des déplacements de l'association sont davantage concernés par la cause animale ?

« Selon moi, les gendarmes et policiers restent particulièrement motivés pour traiter les infractions dont les victimes sont les plus vulnérables. Sans établir une gradation entre les victimes, ce qui n'aurait pas de sens, les animaux sont les êtres vivants particulièrement vulnérables, surtout lorsqu'ils sont proches de l'homme, partagent leur vie et dépendent de lui. Mais il faut aussi que leur action ait un sens, c'est-à-dire une finalité.

La chaîne de traitement de la maltraitance animale englobe un éventail très élargi d'acteurs compétents dans divers domaines. Il y a la chaîne classique de policiers nationaux ou municipaux, gendarmes, pompiers, magistrats, avocats et d'autres acteurs institutionnels (DDPP, OFB, mairie...), ainsi que le maillon associatif (signalements, refuges). Chacun doit connaître son domaine de compétence et celui des autres afin que la réponse soit le plus adaptée et le plus fluide pour chacun des intervenants.

La formation est également un élément central, car elle permet à chacun de maîtriser son propre domaine et de remplir au mieux sa part du travail. La prise en compte et le traitement efficient des affaires de maltraitance animale ces dernières années rode peu à peu le fonctionnement de la filière de traitement et, comme dans un cercle vertueux, alimente les initiatives et l'implication de tous ces acteurs.

La résilience des animaux est également une vraie source de motivation. Savoir qu'on peut sortir un animal de conditions de vie très dégradées, lui offrir une nouvelle vie, et donc mesurer la portée de nos actions, est très valorisant et donne un véritable sens à notre travail. Les photographies de ces pauvres animaux avant l'intervention et quelques semaines ou mois après sont toujours des sources de gratification. »

Anne Chris, soutien à la création des pavillons d'accueil des 4 Pattounes à l'occasion de sa participation au Rallye des Gazelles

Qu'est-ce qui t'a tant émue, s'il te plaît, dans notre communication sur la création des pavillons d'accueil, au point que tu souhaites, toi hôtesse de l'air, soutenir ce projet innovant à l'occasion de ta participation au Rallye des Gazelles ?

« Les pavillons d'accueil des 4 Pattounes et les Gazelles de l'Air 2026 sont la rencontre de deux projets fous. Au premier regard, ils n'ont aucun point commun. La Team des Gazelles de l'Air participe au Rallye Aïcha des Gazelles 2026, cette compétition hors norme dans le désert avec un 4x4 doté d'une navigation à l'ancienne, dans un environnement étranger. Ce défi vient remplir ma quête de nouvelles expériences, élève ma capacité à envisager des solutions et perspectives qui sortent de mes zones de confort. Pour autant, ma sensibilité accrue reste insatisfaite, il me manque une inspiration.

Les pavillons d'accueil, c'est une idée inédite pour mettre en sécurité des chiens qui ont subi toute la noirceur de l'être humain. Une idée folle, qui ne peut être que le fruit d'un esprit qui sort des schémas établis, d'un caractère persévérant et d'une vision à long terme, une personne singulière, Céline Gardel.

Le projet résonne comme une évidence dans ma tête. Je me disais : je dois la rencontrer, les émotions qu'inspire la cause deviennent mon carburant. C'est l'intersection de nos deux projets pour une cause commune : le bien-être animal. »

Dix points à garder en mémoire

1. Un propriétaire n'a pas tous les droits

L'animal de compagnie évolue dans la sphère privée et au plus près d'un propriétaire. Cela ne signifie pas que ce dernier ait tous les droits sur lui, bien au contraire : c'est *son* chat, *son* chien, d'accord, mais ce sont aussi des créatures vivantes envers qui il a un certain nombre de devoirs. L'article L214-1 du Code rural ne l'énonce pas directement, mais il dispose : « Tout animal étant un être sensible doit être placé par son propriétaire dans des conditions compatibles avec les impératifs biologiques de son espèce. » Les « conditions compatibles avec les impératifs biologiques » signifient qu'un propriétaire doit nourrir correctement son animal, lui donner un abri où il n'éprouve pas de souffrances, lui fournir des soins vétérinaires si besoin, le sortir si c'est un chien, etc.

2. Les lois existent

Non, il n'est pas besoin, comme je l'entends souvent, de « créer des lois pour protéger les animaux de compagnie » : elles existent et sont tout à fait opérationnelles… à condition de les appliquer ! Outre l'article L214-1 cité ci-dessus et qui concerne les devoirs du propriétaire, l'article L214-3 dispose, lui, très précisément : « Il est interdit d'exercer de mauvais traitements envers les animaux domestiques. » L'individu qui se livre à de mauvais traitements encourt une amende de 750 euros, et peut voir son animal confisqué par le tribunal de police. Celui qui commet des sévices graves ou des actes de cruauté sur un animal risque jusqu'à cinq ans de prison et 75 000 euros d'amende. Celui qui commet des atteintes sexuelles encourt jusqu'à quatre ans de prison et 60 000 euros d'amende.

3. Qu'est-ce qu'un mauvais traitement ?

Le Code rural dresse la liste des mauvais traitements sur animaux : privation de nourriture ou de boisson, absence de soin en cas de maladie ou blessure, conditions d'habitat indignes (trop exigu, chaleur excessive…) causant une souffrance, maintien excessif en position attachée.

4. Que sont des sévices graves, des actes de cruauté et des atteintes sexuelles ?

Si les mauvais traitements relèvent le plus souvent de la négligence (ce qui n'empêche pas qu'ils soient condamnables et condamnés), les sévices graves ou actes de cruauté sont caractérisés par une intention claire d'infliger une souffrance. Ce sont des violences physiques, des tortures, coups de poing ou de pied, brûlures, mais aussi des participations à des combats, des méthodes inhumaines de dressage… Si l'acte commis a une composante sexuelle (attouchements, viol), on parle d'atteintes sexuelles.

5. L'abandon est aussi une maltraitance

Tout propriétaire qui abandonne un animal risque jusqu'à cinq ans de prison et 75 000 euros d'amende, si l'animal succombe.

6. C'est l'affaire des forces de l'ordre

Bien sûr, il existe bien d'autres associations comme Les 4 Pattounes. Mais pour intervenir le plus efficacement contre les maltraitances commises envers les animaux, il faut penser que, comme toutes les infractions et les délits, c'est d'abord l'affaire des forces de l'ordre. Ce sont elles qu'il faut contacter, car la loi sanctionne les violences, qu'elles soient commises sur les humains ou sur les animaux, de façon équivalente.

7. Nous pouvons tous agir

Les policiers et gendarmes n'ayant pas des yeux partout, ils ont besoin de signalements. Si vous êtes témoin (y compris auditif) de ce qui ressemble à de mauvais traitements ou à des sévices, ou encore si vous croisez un animal présentant des signes de mauvais traitements (blessures, maigreur ou saleté extrêmes…), pensez à sonner l'alerte. Aux 4 Pattounes, nous ne cessons de le répéter : si tout le monde y met du sien, la maltraitance animale sera mieux prise en charge et mieux punie. *In fine*, les agresseurs potentiels percevront que le climat d'impunité n'est plus de mise et se sentiront davantage dissuadés d'agir.

8. Comment signaler des maltraitances ?

On a souvent le réflexe de contacter les associations de protection animale, mais ce n'est pas le plus pertinent, car elles n'ont aucun pouvoir d'intervention sur les maltraitances. Pour gagner du temps, il est préférable de contacter le 17 (police secours) ou la gendarmerie.

Si les maltraitances ne présentent pas de caractère d'urgence, vous pouvez aussi faire un signalement en ligne : https://www.interieur.gouv.fr/contact/signaler-maltraitance-animale

Les4pattounes@gmail.com restent à votre écoute !

Dans tous les cas, il faut fournir un maximum de détails sur les faits et, si possible, des photos ou vidéos à l'appui (mais ne vous mettez jamais en danger pour prendre ces photos ou vidéos).

9. Et si l'on a été témoin de maltraitances sur Internet ?

Sur Internet et sur les réseaux sociaux circulent très souvent des images de maltraitances. Il ne faut pas oublier que les actes qu'elles signalent sont passibles des mêmes peines que celles mentionnées plus haut. Dans le cas de violences filmées ou photographiées, c'est la plateforme PHAROS du ministère de l'Intérieur qui est compétente pour intervenir.

L'adresse à consulter : https://www.service-public.fr/particuliers/vosdroits/R17674

10. Il y a de mauvaises raisons d'adopter un animal

Ce n'est pas un jugement de valeur, mais un fait : certaines adoptions présentent objectivement plus de risques que les autres de se terminer mal, c'est-à-dire avec un retour de l'animal au refuge. Les adoptions « coups de cœur », parce que l'animal est jeune et mignon, par exemple, et que ses propriétaires oublient qu'il va vieillir, parfois grandir plus qu'ils ne l'auraient imaginé et devenir indésirable. Les adoptions « mal informées » sont, d'une manière générale, un fléau contre lequel il faut lutter : avez-vous les moyens de prendre tel animal qui va coûter cher en soins, parce que ses problèmes de santé vous ont ému ? Pouvez-vous consacrer l'attention et l'énergie requises pour telle race, qui est très dynamique et très demandeuse (surtout si l'animal est jeune) ? Avez-vous l'espace suffisant pour lui faire une vraie place, dans votre logis comme dans votre emploi du temps ? Savez-vous qu'un chien vit une douzaine à une quinzaine d'années et qu'un chat vit une quinzaine à une petite vingtaine d'années ? Ces questions sont essentielles.

Remerciements

J'aimerais remercier du fond du cœur tous ceux qui, fidèles et engagés, ont contribué à faire des 4 Pattounes ce qu'elles sont devenues, et que je n'ai pas eu l'occasion de mentionner jusqu'ici. Qu'ils sachent que je leur réserve à tous une place de choix dans un petit coin de mon cœur ! Notre association a en effet bien de la chance de pouvoir compter sur le soutien et le talent d'une multitude de personnes.

Impossible de ne pas avoir ici une pensée pour mes vice-présidentes, Sandrine et Léa. Elles sont au cœur du réacteur, c'est peu de le dire, et elles m'épaulent génialement dans les trente mille projets qui éclosent à la minute dans mon esprit : partenariats, challenges proactifs, interventions pour sauver des animaux ou pour sensibiliser les nouvelles générations dans les écoles… Elles se retrouvent dans le joyeux tourbillon, sur tous les fronts, pour aider les animaux de Toulouse à Fort-de-France, en passant par Ajaccio ou Paris-Plage. C'est bien grâce à Sandrine et Léa, et plus généralement à notre bureau hyperdynamique, que nos actions sont possibles. Bien qu'elle signe régulièrement mon nom en bas des rescrits fiscaux ou du bilan financier, notre trésorière ne s'appelle pas Céline, mais Hélène ! Elle est d'un soutien inestimable dès qu'il s'agit de calcul et des chiffres de notre compte bancaire.

Sensible et artiste, Roxane, quant à elle, fait valser les couleurs et les formes, notamment sur notre site Internet. Son objectif : utiliser les meilleurs vecteurs de communication percutants pour partager les informations et éveiller les consciences afin de changer le monde de demain.

Les 4 Pattounes peuvent aussi compter sur de merveilleuses familles d'accueil qui les épaulent et font réellement des miracles pour semer de la joie dans les cœurs de ces animaux abîmés par la vie. De nombreux pensionnaires cocoonés par Florence, Sandrine, Chloé, Amélie, Laurianne, Olivia ou encore Nathalie en témoigneraient bien mieux que moi. Nombre de nos protégés à quatre pattes, tout juste retirés de leurs situations cauchemardesques, ont reçu les premiers soins d'urgence au cabinet vétérinaire de Saint-Alban, près de Toulouse, chez François et Christina. Nous pouvons aussi compter sur Joëlle, vétérinaire à domicile, qui a rejoint notre association.

Et pour compléter ces remerciements, je veux dire un mot de William, mon compagnon, qui est force de propositions ou de sages conseils selon les cas. Il m'épaule, m'inspire aussi. Je m'appuie en toute confiance sur ses qualités affûtées et éprouvées tout au long de sa carrière de policier : sa capacité d'analyse fine et rapide devant l'adversité, sa stratégie à recruter les meilleurs maillons et à fédérer le collectif. Il croit en moi et m'accompagne dans toutes les petites aventures que nous propose l'association. C'est sûrement la plus belle preuve d'amour !

Avant de conclure, j'ai une pensée émue pour ma team copines, Béné, Pascale et Manu, fidèles à nos rendez-vous depuis des années, et qui m'offrent un sas de décompression et de bonne humeur dans ce monde de brute!

Et enfin pour ma fille, Eléa, dite « Choupy », un rayon de soleil dans ma vie depuis dix-huit ans déjà. Je tiens à lui dire ici que je l'aime très fort et que je suis très fière d'elle.

Table

Mise en pages : Anne Offredo, Valravillon

Cet ouvrage a été achevé d'imprimer sur Roto-Page
en août 2025 par l'Imprimerie Floch

N° d'imprimeur : 107510
Dépôt légal : octobre 2025
ISBN : 978-2-38482-270-6
Imprimé en France